若者はなぜモノを買わないのか

堀　好伸

青春新書
INTELLIGENCE

はじめに

若者の「消費の現場」は、ここまで変わった

たとえば、ある二〇代の青年が、会社の先輩の結婚式に呼ばれているので、ブルー系のスーツを買いたいとします。

いままでなら、まずスーツ専門店やデパートの紳士服コーナーに足を運んでみる……という方が多かったのではないでしょうか。

もしくは、ネットを使うにしても、ゾゾタウン（ZOZOTOWN）などファッション系通販サイトの検索欄に「スーツ　ブルー　フォーマル」などと打ち込んで検索し、気になるショップなどをチェック。そこから具体的に「どんなスーツがあるのか」へと進んでいったかと思います。

しかし、いまの若者は、全く異なる方法で購入します。

彼らは、リアルはもちろん、ネット上でも「お店」に向かいません。まず、スマートフォン（以下、スマホ）を使い、グーグルなどの検索サイトでダイレクトに「画像検索」をし

て、スーツの画像を探します。そして、たくさんの画像の中からお気に入りのものを探し、それを売っているショップなどの情報へ飛ぶのです。ある24歳の若者は、こう話します。

「スマホは答えが早いからですね。グーグルとかで画像で調べると、そのモノを実際に使っているシーンとかが一緒に出てくるので、見ているうちに雰囲気も含めて様子がわかるというか。文字でも見ますけど、『いいな』と思って画像を見たら全然欲しいのと違ったりするから。見たら一発でわかります」

画像検索は、イメージがつかみやすくて、瞬間的に欲しい情報へとたどり着くことができます。若い世代はそのメリットに気づき、いち早く活用しています。

若者の間では、ＳＮＳでも画像が優位です。写真共有アプリ「インスタグラム」のアクティブユーザー数やアクティブ率が急上昇しており、米国では二〇代のユーザーが半数を占めているというデータもあります。写真共有はもちろん、画像加工、ハッシュタグ付きの投稿、「いいね！」やコメント投稿など、これまでのＳＮＳと同じ機能が、「見る／見せる／見られる」の関係性の中で利用できるので、何かを調べるときは「まず画像」という世代にはいちばん親近感のあるネットワークになっているのです。

「欲がない、やりたいことがない、消費しない」——そんな若者像ってホント？

先の実例は、「リサーチ・アンド・ディベロプメント（以下、R＆D）」という会社で、インサイトマーケティングリサーチを担当している私が、ふだんの仕事を通して知ったイマドキの若者の消費行動のひとつです。

インサイトマーケティングとは、インタビューやアンケートなどから当人も気づいていないような心理にアプローチし、現代の消費者の価値観や意識、行動などを理解するマーケティング手法のこと。簡単にいえば「消費者のホンネ」を見抜いて、購買意欲をそそるようなポイントを見つける仕事です。

マーケティングの世界では、いま、購買力と行動力の両方を備えたシニア層をターゲットにした調査が盛んに行われています。一方、「若い世代はモノを買わない」という認識がすっかり定着し、各企業の担当者も若者が買ってくれることにあまり期待していないところがあります。

私も例にもれず、最初はいくつかの企業の依頼通り、シニア層のコミュニティを作りました。リサーチ会社はこれまで、オンラインでのコミュニティを組織し、調査することが多かったのですが、弊社ではオンラインだけでなく、オフラインでのコミュニティ、すなわち、実際のターゲットたちとの対話を重視してきました。しかも長期的なコミュニケーションを続けたことで、いまのシニア世代がこれまでの層とは違う消費の考え方を持っていることに気づいたのです。

そんなシニア層を見ているうちに、私にはむくむくと素朴な興味が湧いてきました。

「シニアと対極にある26歳以下の若者が〝買わない世代〟というのは本当なのだろうか？」

U26平成男子コミュニティから見えてきた、若者の「リアル」

さっそく私は、首都圏に住む二〇〜二六歳の独身男子を対象にした「U26平成男子コミュニティ（以下、U26）」というグループを組織しました。そんなメンバーたちと一緒にお酒を飲んで特定のテーマで語り合ったり、LINEでグループトークしたりと、オフライン／オンラインでのコミュニケーションを、この三年ほど続けています。先ほど紹介した24歳の若者のホンネも、このコミュニティで語り合った中から出てきたものです。

そうして定期的に彼らと向き合い、マーケティングしてきた結果、少しずつ、平成男子のユニークな消費行動が見えてきました。

平成生まれのU26の男性に「欲しいものは？」と聞くと、四人に一人はこう答えます。

「別に欲しいものはないですね」

私はバブルの残り香があった時代に青春を送った世代です。私も驚きましたが、私だけではなく、いまの四〇歳以上から見ると衝撃の発言でしょう。

しかし、彼らは、生まれたときから一度も好景気を味わったことがなく、デフレ社会の中で、安くて良質なものを手軽に手に入れられるのが当たり前として育ってきました。そんなU26世代は、基本的に生活満足度が高く、誇張ではなく本当に、〝欲しいもの〟が想像できないらしいのです。

たまに「お金が欲しい」というメンバーもいます。が、お金があったら何をするのかと聞けば、「いや、別に」と答えます。

ステレオタイプに「やっぱり車、女、金ですかね」というメンバーがいても、「じゃあ車買えば？」と水を向ければ、

「それも思ったんですけど、一括で払っちゃいたいんですよね。ローンだと月々の支払いに追われてる感じがしてイヤなんですよね。そこまでして欲しいなとは思いません」

「それはお金が貯まってから考える」との返事。欲望はあくまで控えめです。

U26メンバーは、基本的にローンが苦手です。理由は、払い続けている間中、欲しかった気持ちを維持できる自信がないからだと説明してくれました。

ここで面白いと思うのは、欲望の本気度次第で、消費のしかたががらりと変わることです。

たとえば、本気で車が趣味だというメンバーは、ローンで買うことをいといません。「貯めている三年間乗れないのであれば、乗りながら三年間払うほうが楽しめる時間が長くなるからいい」というわけです。

しかし、そこまで欲しくない子は「貯まったら買うかも」とは言いますが、いろいろ調べているうちに欲しさのピークが過ぎて、結局買わないことが多いのです。

特にインパクトがあったのは、旅行についてのエピソードです。あるメンバーは、どこかに行こうと計画していました。いろいろな旅行サイトのレビューを見たり、ホテルや名所のガイドを見たりと情報を集めていくうちに、「なんとなく旅先の様子がわかったので行くのをやめてしまった」というのです。この世代には、インターネットを介して旅を味わってみたら〝行ったような気になって満足したので、必ずしもリアルは必要ではない〟という発想があることになります。

若者が買わない原因は「シミュレーション消費」にある

この旅行中止話とは少し違いますが、メンバーのマサトが、パック旅行に行ったときの感想は、「面白かったけどつまらなかった。その場所にいて見る感動はあったけど、想像通りだった」でした。

行く場所をあらかじめリサーチしておけば、旅といってもインターネットで見たままの、想定内の景色やイベントを追体験してくるだけです。それがとどのつまり、旅の時間を友達と過ごしたのは楽しかったけれど、旅行全体で見るとつまらなかったという印象として残るのです。

いまほどネット情報が充実しておらず、ガイドブックに載っている画質の悪い小さな写真とそこに添えられた短い文章から想像するしかなかったころは、目の前でリアルに見たり実際に体験したりしたことには、相当の発見があったでしょう。しかし、いまではそんな想定外の出会いなどは、よほどの秘境にでも行かない限り難しいかもしれません。

もっと言うと彼らは、モノでも場所でも体験でも、選んでいる時点で情報の波に疲れてしまい、「本当に必要なのか」と自問自答します。その結果、「(買わなくても、行かなくても、味わわなくても）まあいっか」になってしまうわけです。

つまり、たくさんのリアリティある情報に触れ、バーチャルでモノを体験して「シミュレーション（疑似）消費」しているうちに、最終的には欲しくなくなってしまう。そんな回路が、日常の消費の中に、強く反映されてきているように思います。

彼らの生活は、ほぼスマホ内でこと足ります。仲間とのコミュニケーションも情報収集もスマホでＯＫ。実際に商品に触れなくても、わざわざ出かけていかなくても、手のひらの中のスマホで、それらしいだいたいの体験ができてしまうからです。あらゆる情報に簡単にリーチできるからこそ、気になったモノやコトを手に入れたら生活がどう変わるかの予想も、簡単につきます。

ここで私は、はたと気づきました。若者は消費しないのではありません。消費する対象＝消費のしどころが変わったのではないかとひらめいたのです。

「買わない」世代に買ってもらうには？

若者は右へならえではモノを買いませんが、シミュレーションして納得できるものならそれほど財布のヒモもきつくありません。気の置けない友人たちとの飲み会に出て、帰りにみんなで「ドン・キホーテ」をうろうろして、話のネタにとわけのわからないものを買って楽しんでいる光景もよく見かけます。

情報より体感。コスパより楽しさ。それを優先する消費スタイルを、私は「超シミュレーション消費」と呼びたいと思います。また、それこそが若い世代にリーチする市場のキーワードではないかと考えています。

いま現在、U26世代、とりわけ男子は、消費に関してもっとも無視されている層です。それはひとえに、消費に関して、平成男子は大人たちの思惑通りに動いてくれないからでしょう。「みんなでこれをやろう」「男だったらこれを買おう」といういままでのセオリーは通用しません。マス消費が崩壊して、若者のためのスマッシュヒットのアイテムもなくなっています。

実際問題、お酒やスポーツなど、それを楽しむのはかつてはほとんどが男性だった娯楽やレジャーに、女性がどんどん参入してきて、消費が伸びているモノもあります。女性の市場が広がっている分、男性が注目されないのは一理あるわけです。

とはいえ、これからの社会を作るのは、シニアではなくて若者です。その世代が元気でない限り、日本も、世界も、よくなりません。とするなら、もう少しU26世代の男子に目を向けることが必要です。いまこそ、彼らへのメッセージを発信するときです。

買わないといわれても、「シミュレーション消費」を超えるサービスを提供して、成功している会社もあります。生活のシーンを喚起させるカジュアルファッションブランドのGUや、カーシェアリングで車の魅力を若者にうまく届けるパーク24、そして想定外のモノがいっぱいあって足を踏み入れるだけでわくわくするコンセプト書店のヴィレッジヴァンガードなどがそれです。そこに、若者に消費してもらうためのヒントがあるかもしれません。

そう思ったのが、この本を書きたいと思ったきっかけです。関心のある方は、ぜひ「シミュレーション消費／超シミュレーション消費」の世界に触れてみてください。

■「U26平成男子コミュニティ」とは

「U26平成男子コミュニティ（U26）」は、（株）リサーチ・アンド・ディベロプメントによる首都圏在住の平成生まれ（20歳以上）独身男性のコミュニティで、2014年1月から展開しています。

現在のコミュニティメンバー18名、毎月1回のオフラインコミュニティとして数名ずつリアルで様々なテーマで座談会を実施しています。また、時には一緒にお酒を飲みながら語り合っています。

U26の特徴として、コミュニティメンバーはLINEのグループラインで毎日何らかのつながりを継続しています。U26コミュニティは日常のつながりの中で彼らのホンネと対話しています。

※「Under-26 Community」は株式会社リサーチ・アンド・ディベロプメントの登録商標です。

■本書に登場するR&Dが行った調査形式

CORE®
生活者総合ライフスタイル調査システム

Concept Research
生活者総合ライフスタイル調査CORE®は、㈱リサーチ・アンド・ディベロプメント創業者社長である牛窪一省が、コンセプト開発に有効な「付加価値を予測できる実践的ツール」の実現を目的に1982年に立ち上げました。㈱リサーチ・アンド・ディベロプメントは、このCORE®を通して、30年間生活者の変化を定点観測してきました。

調査名	CORE マスター調査（生活者総合ライフスタイル調査システム） ＊毎年下記に準じて実施
調査地域	首都圏40Ｋｍ圏　（調査地点　200地点）
調査対象	18～79才の男女個人　＊CORE2004-2013は18～74才、CORE1988-2003は18～69才
サンプル数	有効回収　3,000サンプル　（人口構成比に合わせて、性×年代別を割付）
サンプリング手法	住宅地図を用いたエリアサンプリングで抽出
調査手法	訪問・郵送併用の自記入式留置調査
調査実施時期	毎年1回　10月に実施

※「CORE」は、株式会社リサーチ・アンド・ディベロプメントの登録商標です。

若者はなぜモノを買わないのか――目次

第1章 「若者はモノを買わない」論のウソ――〝3つの誤解〟が市場の動きを覆い隠す……

第2章 〝買わない世代〟のリアル
――なぜ昔のように買わなくなったのか？ 今、何を買っているのか？

第3章

「シミュレーション消費」という落とし穴
――だから若者は、〝普通に〟売っても買ってくれない

現在欲しいと思うモノ・こと	今興味ある／ これからやってみたいモノ・こと	自由に 使える金額 （月平均）
有意義だと思えて熱中できる 趣味＆仕事	サッカー観戦（浦和レッズ）	15万円
新しいスニーカー、お金	レコード収集	10万円
働く時間	野球サークルが最後の時期なので、本気で野球に取り組んでいます。	6万円
お金、リュック	アウトドア	1.2万円
車、バイク	特になし	3〜4万円
スニーカー	特になし	10万円
彼女、出会い	就活	5〜6万円
金、仕事場、ミシン、技術、筋肉	経営の知識、革靴	約7万円
ナイキのスニーカー	財布	8万円
電動エアガン/ガスガン、 クルマ（トランスポーター、 ライトウェイトスポーツカー）	サバゲー、ダイビング	15万円
彼女	研究と女	4.5万円
Bluetoothスピーカー、ソファー	彼女を乗り換えようとしていること	15万円
車、語学力	モノ：ろくろセットで壺作り	5万円
パソコン	プログラミング、語学	20万円
彼女	映画	3〜4万円
熱中できる趣味、学びたいこと	資産運用、断捨離	3万円
洗濯機、冷蔵庫、音楽機材	自然、シン・ゴジラを観る	10万円
特になし	バイク、海外転勤	15,6万円

■U26平成男子コミュニティ／メンバー・プロフィール（年齢順）

名前	年齢	職業	彼女の有無	趣味・休日の過ごし方
ジュンヤ	20	大学生	有	デート、ドライブ
ケイタ	21	大学生	有	音楽鑑賞、家で過ごす、友達と遊ぶ
シュウヘイ	21	大学生	有	競馬、野球
ナオヒコ	21	大学生	有	ドライブ、買い物
ワタル	21	社会人（営業）	無	楽器、アニメ、ゲーム
タツヤ	22	大学生	無	買い物、飲み
タカシ	23	大学院生	無	旅行、ドライブ、写真
アキヒコ	24	社会人（アパレル）	有	サッカー、勉強会、寝る
ジュンイチ	24	社会人（理学療法士）	有	お酒を飲む
タイチ	24	社会人（システムエンジニア）	無	バイク、アニメ
タクヤ	24	大学院生	無	大学の研究
ナオヤ	24	社会人（販売）	有	寝る、飲み、ドライブ
マサト	24	社会人（営業）	有	カメラ、旅行
リョウ	25	社会人（営業）	有	テニス
リョウⅡ	25	アルバイト（飲食）	無	カメラで友達を撮ること、ドライブ
シンタロウ	26	社会人（営業）	既婚	野球観戦、買い物、家事
ダイキ	26	社会人（作業療法士）	無	音楽、買い物、読書
ヒカル	26	社会人（専門職）	有	ファッション、ダンス、街に繰り出す

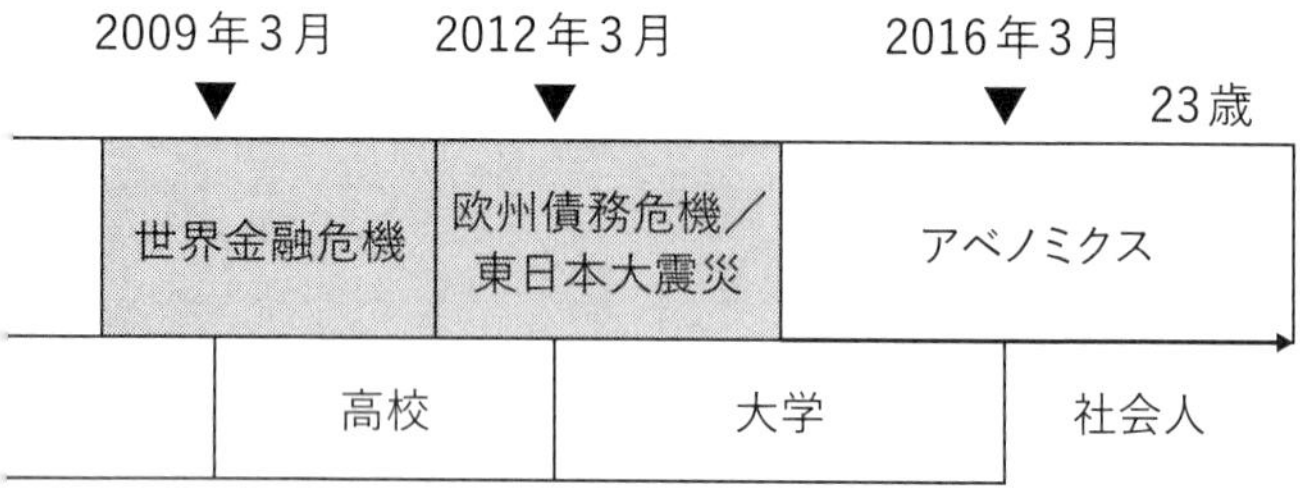

・ゆとり教育の見直し(11)

・就職内定率過去最低(10)

・株価、バブル崩壊後最安値を更新(09)
・ファストファッションの台頭(09)

・2020年東京オリンピック開催決定(13)

■iPhone 3G(08)

サービス開始(06)

・「Twitter」日本語サービス開始(08)

・「Facebook」日本語サービス開始(08)

・「Instagram」サービス開始(10)

・「LINE」サービス開始(11)

■U26世代が育った時代背景 ―― 1993年(平成５年)生まれの場合

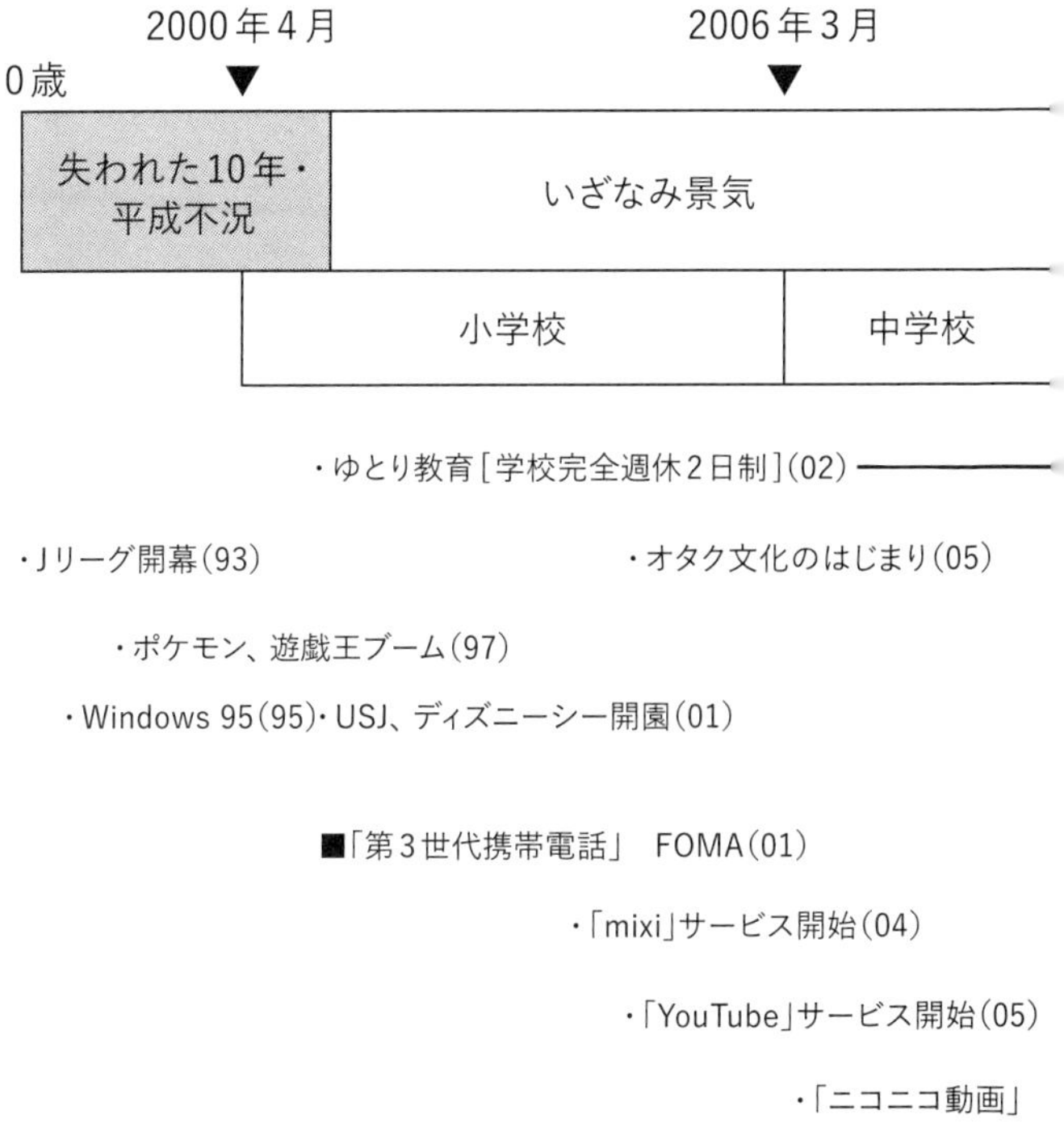

編集協力▼三浦天紗子
本文デザイン＆ＤＴＰ▼佐藤純（アスラン編集スタジオ）

第1章

「若者はモノを買わない」論のウソ

――〝3つの誤解〟が市場の動きを覆い隠す

【誤解1】好景気を知らない最近の若者は〝かわいそう〟

「『最近の若者は、モノを買わなくなったよね』と四〇代、五〇代の方に言われるんです。僕らも仲間同士で『あまり買わないね。でもそれ普通だよね』と認めてますし。年配の方たちが二〇代だったときって、ファッションもすごい尖《とが》ってたと思うんです。デザインとかスタイリングとか。そういう先鋭的なモノへの憧れみたいなものが、僕らの中では『へぇ～』って冷めてますよね。いまは〝ノームコア〟が楽でいいので。要は、究極に普通なのがおしゃれっていうことになっているんですが、ユニクロとか無印良品みたいな、そういうモノの方が実際、需要が高まっていると思うし、自分自身もそっちの方が気楽でいいなというのもあります。新しいものでワクワクドキドキというよりは、より普通のベーシックなモノで買いやすいモノを自分は買いたいなって思うんです」

ノームコアとは、二〇一四年から広まり始めたニューヨーク発のファッション用語で、シンプルなシャツやニットにジーンズなどベーシックなアイテムを組み合わせる着こなしを意味します。生前、スティーブ・ジョブズはいつも黒のタートルニットにジーンズというスタイルでした。彼はノームコアのアイコンのひとりです。アイテムはどれもシンプルなのに、その人らしさがにじみ出ているのがノームコアのおしゃれです。

そんなファッションを愛する世代のマサトの先の言葉が、消費をめぐる若者のホンネだと思います。

国税庁が毎年発表している「民間給与実態統計調査」によれば、平均給与は二〇〇四（平成一六）年で四三八・八万円、二〇一四（平成二六）年は四一五万円（男性五一四・四女性二七二・二）です。この一〇年の中でほぼ底だった二年前（二四年）の四〇八万円よりは微増していますが、ここ二〇年は、むしろ収入はゆるやかに下降し続けています。収入がもっとも高かったピークは一九九七年でした。

また、平均年収が四〇〇万円台というのは、平均給与所得者の平均年齢を四五・五歳としたときの値です。収入の高い世代を含めての数字であり、若い世代にフォーカスするとぐっと減ってしまいます。

R&Dが一九八二年から首都圏で継続実施している自主調査「CORE　生活者総合ライフスタイル調査システム」のデータを見てみると、年収の中央値は二五〇万円前後。有職者も学生も、一九八九年の新人類世代よりは上がっていますが、四半世紀が経っているというのに、印象としては横ばいなのです。

そんな状況を知ってか知らずか、昭和の好景気を知っている世代、つまり団塊の世代やバブル世代は、ゆとり世代やさとり世代を「かわいそう」だと言います。

自分たちは活気にあふれていて、経済的にも上り調子だった時代を生きてきた。それに比べて、平成生まれは「閉塞感があって内向きで不景気」な社会であっぷあっぷしていかなくてはいけないのか。大変だなあ……。そんな憐憫《れんびん》の情さえあるようです。上の世代からは、平成の若者たちがみな、豊かさも幸せも多くを望めないがために、〝ほどほどに甘んじている〟ように見えるのでしょう。

確かに、私が二〇代のときには、週末になると、東京の銀座や代官山や青山あたりに、百貨店やセレクトショップのブランドロゴがでかでかと印刷された大きな紙袋を持って歩いている人が大勢いました。バブルはとっくに終わっていたのに、モノは売れていました。家電や服、マイカーやマイホームなど目に見える消費が、豊かさの指標でした。

しかし、いまやモノは行き渡っています。買い物自体がハレではなくなっていますから、買わないことも、それほどネガティブには受け取られていません。お金がないとできないことが多かった昔と違い、いまはそれほどお金がなくても、いろいろなモノが手に入り、

■自由になるお金が減っている割に、経済的ゆとり感はさほど悪化せず

◎本人年収（中央値）

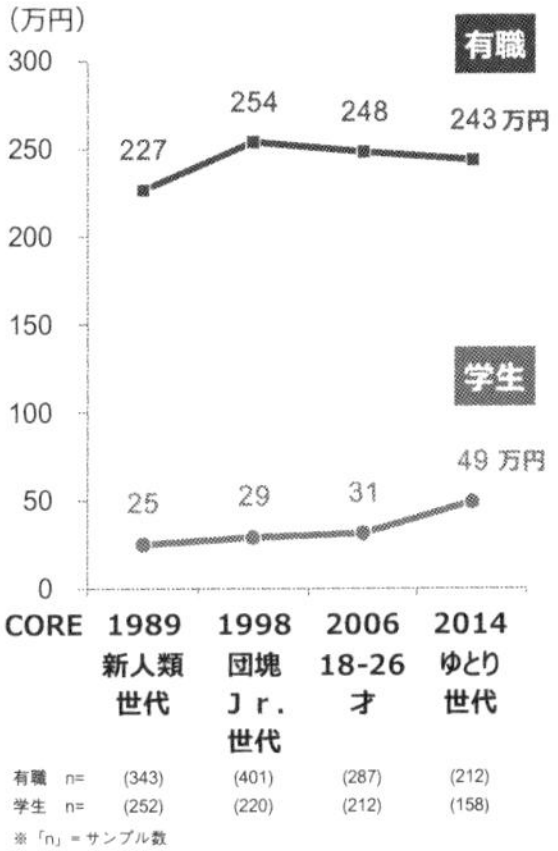

◎一カ月の小遣い額（中央値）

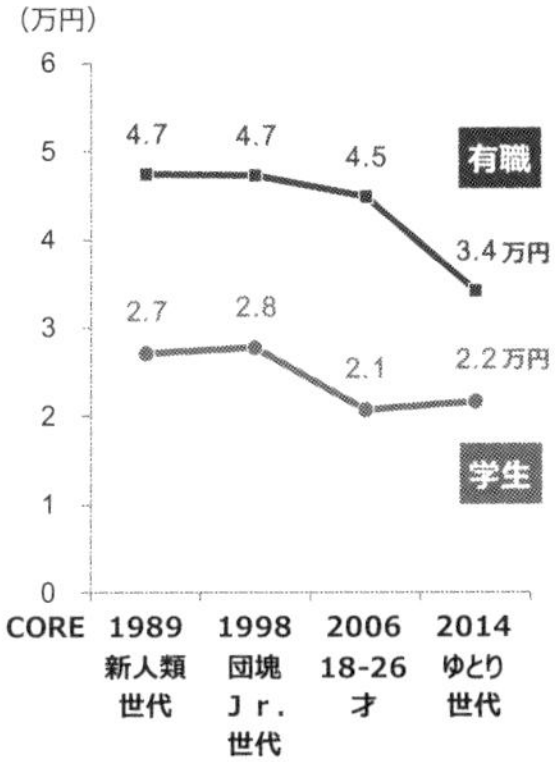

◎「収入に余裕がない」割合

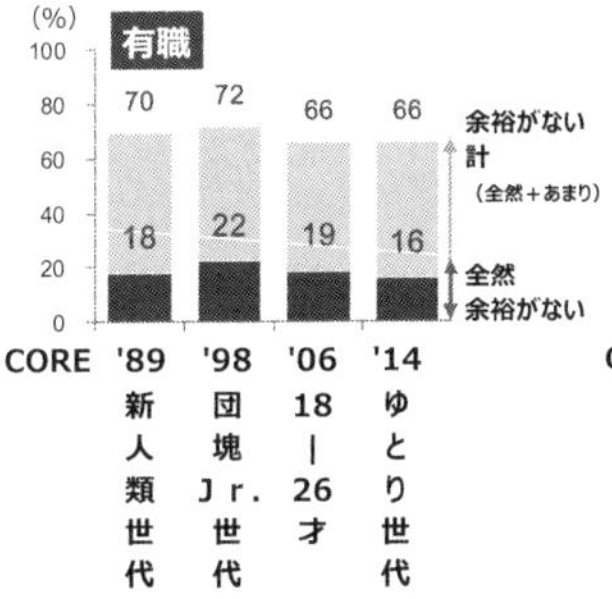

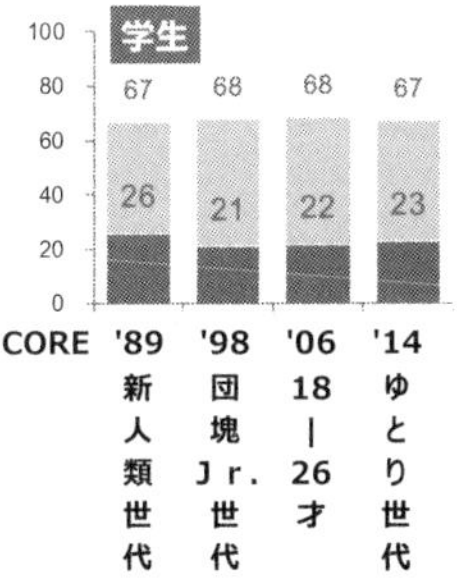

(株)リサーチ・アンド・ディベロプメント
「CORE 生活者総合ライフスタイル調査システム」からのデータ

いろいろな体験が積めます。買わないし、欲しがらない。特に不満のなさそうなその暮らしは、本当に〝かわいそう〟なことなのでしょうか。

「お金がないから、車もブランドも買わない」に隠れた〝二重の誤解〟

収入や景気感だけでなく、一八歳から二六歳が一カ月に使える小遣いの金額も落ち込んでいます。「CORE」が統計を取り始めた一九八九年から、一九九八年、二〇〇六年、二〇一四年と、結果を見ていくと、それぞれ四・七万円、微減した四・七万円、四・五万円、三・四万円と、ダウンしていく一方です。

しかし、総務省のデータ「全国消費実態調査」（一九八九～二〇一四年）で見ると、実は三〇歳未満のシングル有職者では、二〇一四年だけは二〇〇九年よりも低くなっていますが、二〇年～二五年前に比べて可処分所得も貯金額も、男女ともに増えてきています。長いスパンで見ると、女性の消費支出や消費意欲は常に男性より高い傾向にあり、おおむねその傾向は変わっていないのですが、男性だけはこの五年ほどで、消費支出や消費意欲＝〝モノを買う〟お金と意欲は大きく減少しました。

そこには、デフレ社会の恩恵も関わっています。日本ではもう十何年も、モノの値段は下がる一方です。それでも、品質やデザインは、一〇〇円ショップにせよ、ファストファッションにせよ、それぞれの黎明期《れいめいき》よりずっとよくなっています。

つまり、デフレが続く日本社会では、品質の向上や生産の効率化など企業のイノベーションが起きていて、少しのお金でも、高品質なものが簡単に買えるようになりました。〝安くていいモノが当たり前〟な社会に生まれたゆとり・さとり世代には、「高いいいモノ」だという概念すらないかもしれません。

最近は、ブランド品が売れないと言われます。本来はブランドの成り立ちそのものに、歴史やメッセージ、真似《まね》のできない技術力、こだわりといったものがあったはずです。にもかかわらず、現代ではそれが消費者にうまく届かず、若者にアピールする力を失いました。

若い世代にとってハイブランドのアイテムは、もはや単なる工業製品にしか見えていません。ゆえに、「買うんだったら安いに越したことはない。あえて高級ブランド品のような高いモノを買う必要もない」というのが、彼らの共通認識です。

もっとも、彼らは没頭できる趣味や娯楽にはお金を惜しみませんし、先行投資もします。

一極集中の使い方なので、使いたいモノには案外多く使っています。一方で、車や高級時計を買うためにコツコツと頭金を貯めてローンを組んで、というような「計画的消費」は少なくなっています。

おしゃれにしても、WEGOをはじめとする若者向けアパレルメーカーなどは、並のアパレル企業よりずっと戦略的です。ファッションのスタンダードになれたのは、良心的な価格設定でありながら、トレンドをおさえた高品質な商品を展開してきた企業努力の賜物《たまもの》でしょう。おかげで、誰もがお金をかけなくても、そこそこセンスのいいものを着ることができるようになりました。

ヘアスタイルや清潔感、体臭にも気を使っている平成男子は、身なりも、二〇年前、三〇年前に青春を送った男の子たちより断然きれいです。イマドキの若者のほうがずっとスマートに見え、かわいそうというイメージとはほど遠い像が見えてきます。

実際、自由になるお金は減っているのですが、「経済的なゆとり感」は、29ページの「収入に余裕がない」割合の表にある通り、さほど悪化していないことがわかります。

「かわいそうな若者」像のままでは、消費の現場は見えてこない

このように、長年のデフレ経済の中で育ってきたゆとり世代は、モノの値段に敏感です。その一方で、何につけても「値段が最優先」なわけではありません。

彼らは単に高いモノを買うことはなく、コスパに敏感です。ムダな行動を嫌うので、実際に大きな買い物をするときは価格コムなどで調べます。

けれど、日々の細かな買い物においては「最安値を探すのは大変だから、だいたいの相場感で買う」判断をしています。安いモノがいいと思っていても、一円でも二円でも安い方を探すための労力は使いません。

「いや、僕は徹底的に安いのを探す」というタイプは、節約のためにそうしているのではなく、安いのを見つけ出す手間まで含めて楽しんでいるのです。生活に追われてやむを得ず……といった切迫感はありません。あくまでも、趣味の延長なのです。

ですから、得したいとは思っていても、それほど必死ではありません。

ポイントカードで考えてみましょう。女性たちは世代を問わずポイントカード好きが多

いのですが、若い男性はめんどうくさがって持っていないという人がたくさんいます。実はこれも趣味の領域です。

もともと貯めるのが好きだとか、オフィスの近くのコーヒーショップのスタンプカードや、通勤ルートにあるコンビニのポイントカードなど、自分の生活圏のカードならそれなりに活用しますが、モノを持つのがあまり好きではない世代でもあるので、何枚ものカードで財布の中がガチャガチャするのは敬遠します。

つまり、高いブランドアイテムこそ買いませんが、コスパを重視し、好きなものにはお金をかけるということです。

平成二四年の内閣府「国民生活に関する世論調査」を見てみると、「現在の生活に対する満足度」は、「満足している」「やや満足している」を合わせた割合は、実は二〇代がいちばん高いというのが興味深い傾向です。二〇代の八割以上が、いまの生活に満足していることがうかがえます。

■現在の生活に対する満足度

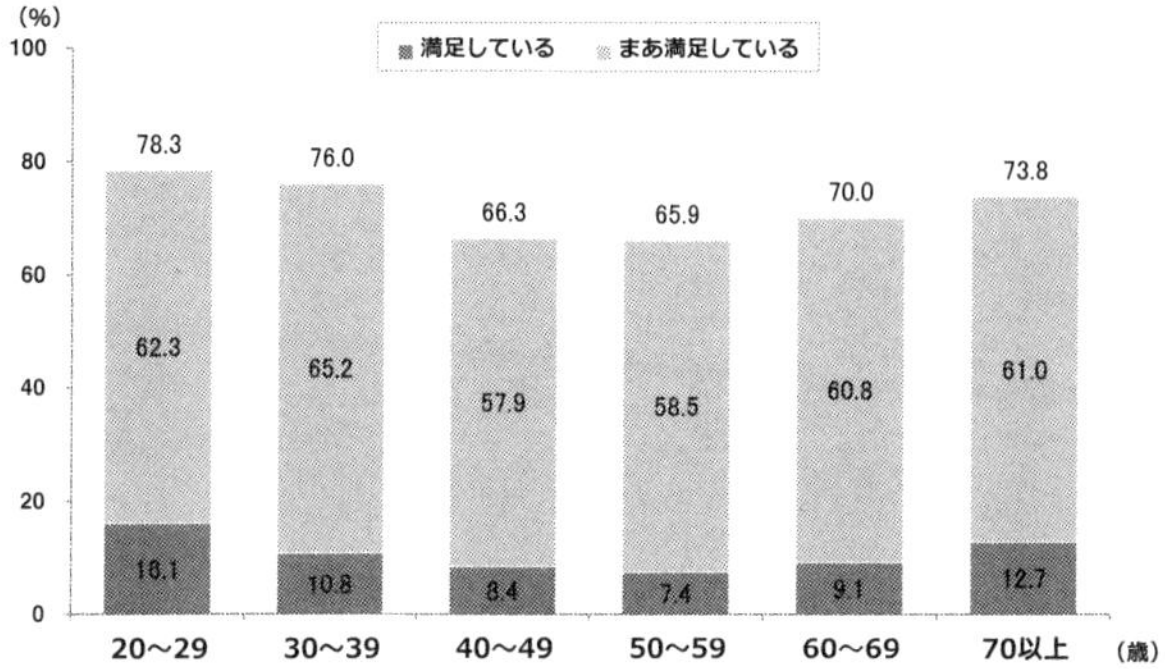

内閣府「平成25年 国民生活に関する世論調査」
生活満足度は、現在の生活に対する満足度を「満足」「まあ満足」「どちらともいえない」「やや不満」「不満」「わからない」の6段階でたずねて得た結果について上位2つを合計した数値

■現在の生活に対する充実度

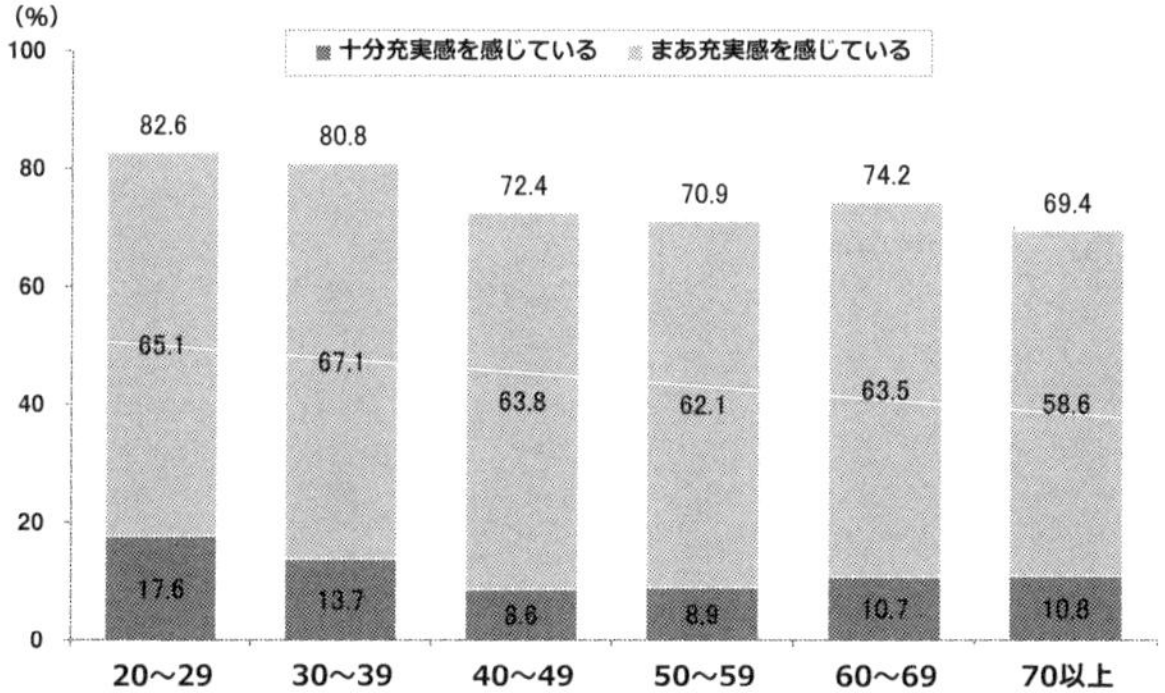

内閣府「平成25年 国民生活に関する世論調査」
生活充実度は、現在の生活に対する充実度を「十分充実感を感じている」「まあ充実感を感じている」「あまり充実感を感じていない」「ほとんど(全く)充実感を感じていない」「どちらともいえない」「わからない」の6段階でたずねて得た結果について上位2つを合計した数値

昔の二〇代にはない、現代の二〇代特有の「余裕」とは

二〇代の平成独身男子も、表層では忙しいと感じています。しかし、時間の使い方をよくよく見ていくと、使っているのは自分のための時間です。結婚し、子供がいる男性の「忙しい」と、シングル男性の「忙しい」は、少し違います。

シングル男性は、何に束縛されるでもなく、自由で、時間的にもゆとりがあります。「彼女が欲しい」とは言いますが、何より大切にしたいのは自分のための時間です。

仕事においても、彼らはそれまでの世代と違って「会社は会社、プライベートとは分ける」と割り切っています。会社の飲み会も、出席しないとボーナスの査定に響くわけでもないので、ゆとり世代は〝無駄な行動〟だと分類して距離を置きます。ある意味、実に時間の使い方が合理的だなと感心します。

とはいえ、なぜ現代の若者は、昔より時間があるのでしょう。そこには、データからだけでは見えてこない、情報強者としてのゆとり時間があったからです。

もともと二〇代の男性は、家庭を持っている世代に比べれば、ゆとりがあります。バブ

■現在の生活における時間のゆとり

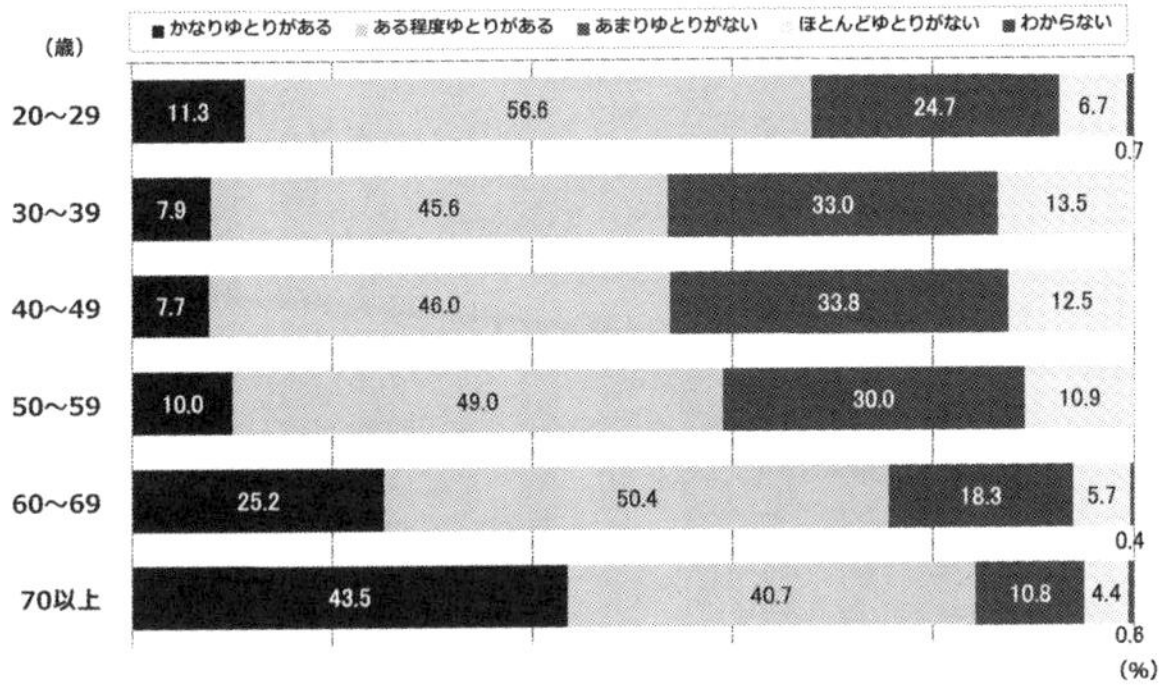

内閣府「平成25年 国民生活に関する世論調査」

ル世代が二〇代だったころも、やはり当時の三〇代や四〇代に比べれば、自由な時間が多かったでしょう。ただ、現代の若者たちが「自分は時間的余裕がある」と感じているのは、そうした交友のしかたの変化だけではありません。

いちばんの違いは、「情報を得るために、自分の足で動かなくてよくなった」ことです。流行をキャッチアップしようと思えばスマホを開くだけ。時間がかからないのです。

かつては、流行やカッコいいことを知りたければ、わざわざ街をぶらぶらしたり、雑誌をいっぱい読んだりと、時間を注ぎ込み、足で稼がなくてはいけませんでした。

しかし、そうしたアクションも、インターネットを使えば大幅に短縮できます。

平成男子もそれなりに流行は好きで、追っています。情報をキャッチアップするための時間は作っていますが、インターネットを上手に駆使して、ほしい情報へダイレクトにたどり着きます。おしゃれな人のツイートやその周辺の人のリツイートをチェックするなど、効率よく調べるのです。

新しい知識を得るときも、本を読んだりしなくても大丈夫。調べものや勉強はインターネットでも可能です。

海外旅行もグーグルアースを使って一瞬で現地に飛べます。価格コムで、欲しいモノの相場価格もすぐにわかります。遠い地方からでも通販を利用すれば、買い物に時間をかけなくても済みますし、余分な経費で損したりもしません。

逆に、情報過多の時代ですから、ただ多くの情報をキャッチしようとすれば、いくら時間があっても情報を追うだけで精いっぱいになってしまいます。そこで、平成男子は、モノだけでなく情報も、必要かそうでないかを選別するようになりました。そうした時間マネジメントの感覚が、時間のゆとりをも生み出したのです。

面白いことに、平成男子は、自分自身が直に体験していなくても、興味があることなら大抵の情報はキャッチしています。代官山に行ったことはなくても、代官山についてちょっとしたことは語れるくらい知っているのです。

「(僕は、代官山に行ったことはないですが)〇〇がいま代官山で人気らしいですね」などとコメントします。

自分がつながっている仲間で流行《はや》っていることは、体験していなくてもSNSを通してよく知っています。そうして、仲間同士で盛り上がるのだと考えると、平成男子の方がずっといまを楽しんでいるように見えます。

結論▼ 実は、平成男子のほうがいまを楽しんでいる

【誤解2】「ゆとり世代」「さとり世代」「草食男子」——若者には〝欲がない〟

都内随一の百貨店の担当者に聞いた話では、売上の客数は減っているにもかかわらず、客単価は上がっているという数字が出てきています。

海外からの旅行者による爆買いの影響もあるかもしれませんが、この現象を分析すると、服が好きな人は以前にも増して買うようになっており、興味がない人はほとんど買わないという二極化が進んでいることになります。「服やファッションが趣味」だと言う、ごく限られた消費者だけで、利益を支えているのです。

U26メンバーのひとりに、古着屋をやりたいという青年がいます。彼のクローゼットは、古着でいっぱいです。ロサンゼルスに買い付けに行って仕入れたアイテムを、知り合いのショップに置かせてもらうなど細々と転売しているだけですが、売れるとうれしいし、やりがいもあると語ります。

彼になぜ古着が好きなのかと尋ねると、「古着には、長年受け継がれてきた背景があるから」だと答えます。新しいプロダクトにはない、その服の来歴に惹かれるという感覚は、ひと昔前の〝オタク〟的なお金の使い方そのものです。これまでは多くの消費者が何となく買っていたファッションアイテムが、オタクアイテムになったことを意味します。

■古着が所狭しと置かれているタツヤの部屋

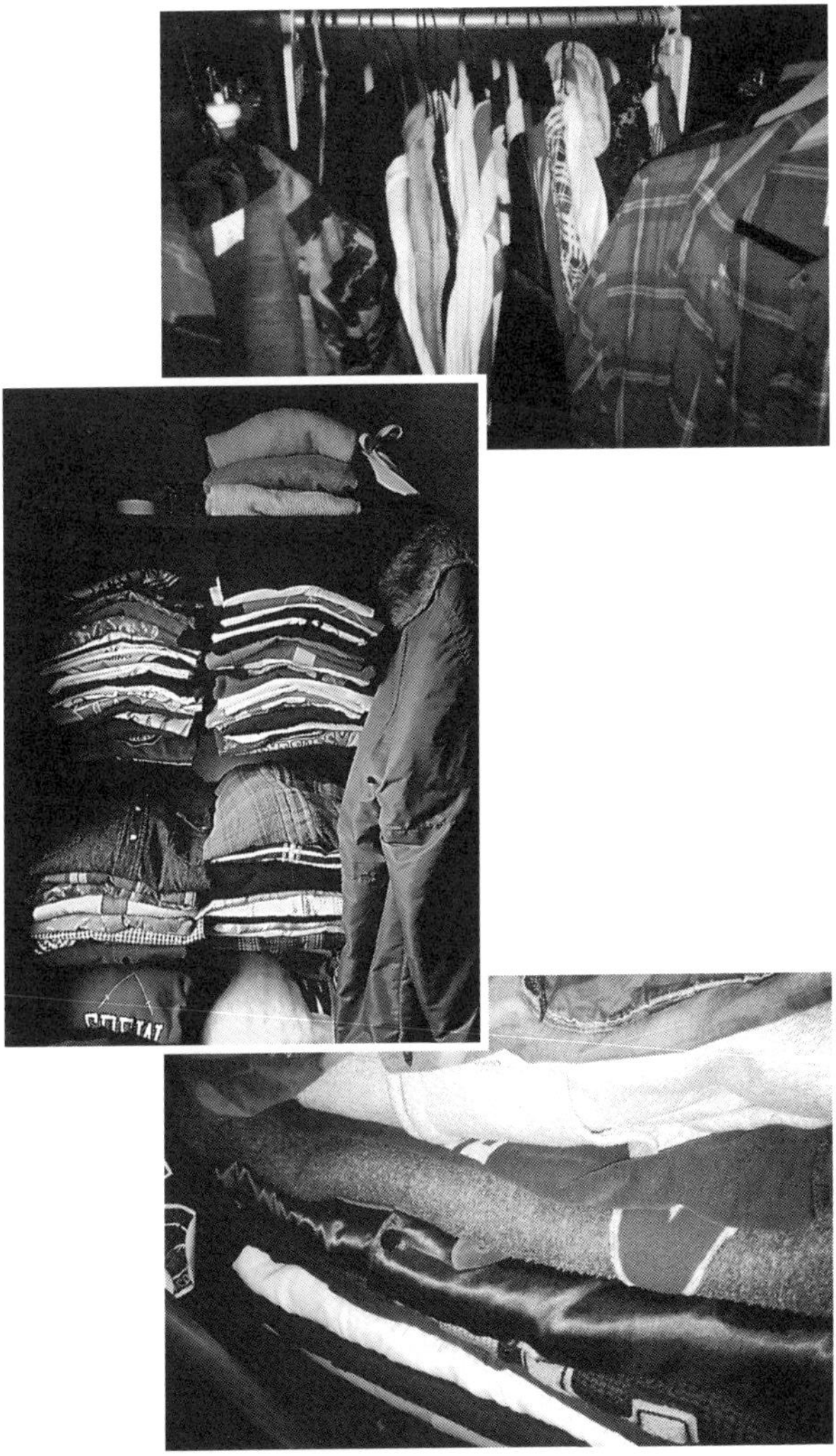

「内向き志向」のウソ――数字のトリックが、若者市場を見誤らせる

最近の若者の「内向き志向」がよく指摘されます。海外に行きたがらない、海外への留学や赴任を希望しなくなったなど、海外離れしていると、もっともらしく言われていますが、実は意外に海外との垣根はありません。

メンバーのタツヤは、SNSではインスタグラム愛用者。その理由のひとつが、

「インスタは写真がメインだから言葉がいらないんですよ。世界共通だから、フェイスブックよりもシンプルで上げやすい。たぶん全世界的にいちばん食い付きがいいと思うんですよね。海外の友達がインスタ使っている人が多いので、インスタで投稿しますし、ひとのも結構見ます」

文部科学省が発表している統計情報によれば、確かに英米への日本人留学生は減少していますが、中国や台湾、ニュージーランドなど、増えている国もあります。また、少子化や日本経済の弱体化が、イマドキの留学事情に影響しているところもあります。

そこで、法務省の「出入国管理統計表」および総務省の「人口推計」を併せて見てみま

■20代の出国者数と出国者率の推移

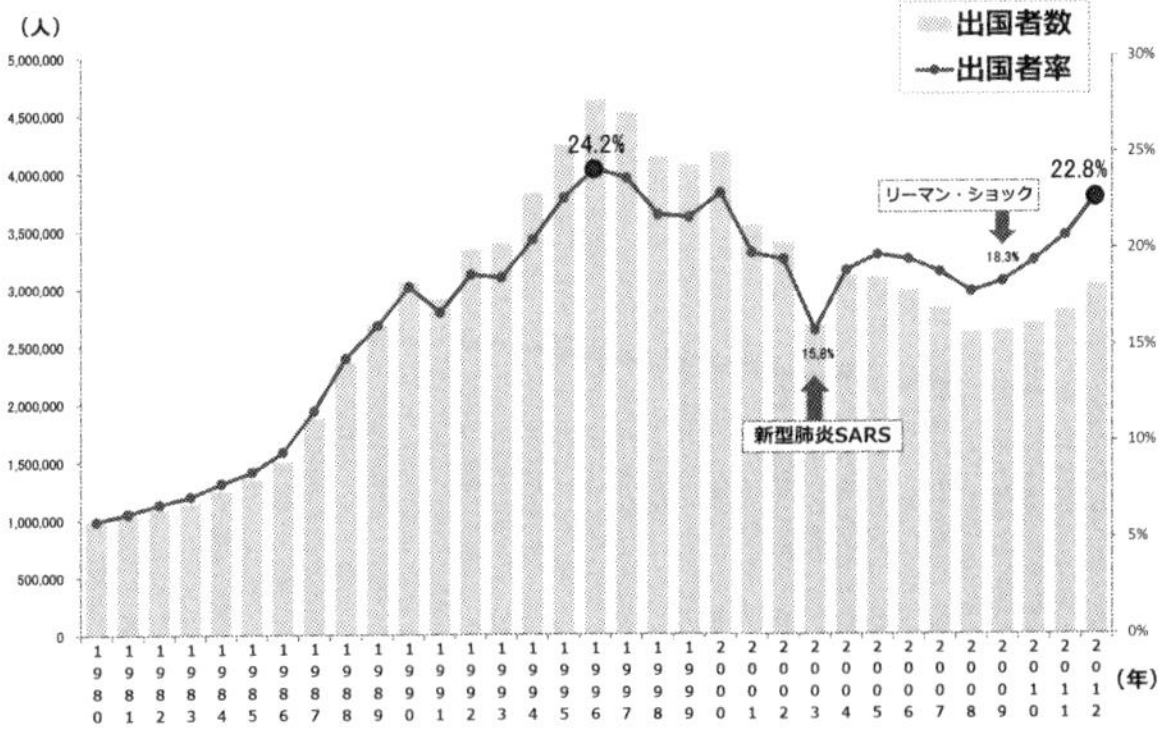

法務省「出入国管理統計表」および　総務省「人口推計」

しょう。二〇代の若者の出国「数」も「率」もピークは一九九六年で、そこからは減っているのですが、日本人の出国数全体が減少していることを考えると、出国数より出国率で見た方が現実に則っています。

現に、下がっていた二〇代の出国率は、二〇〇八年を底として、それ以降は上昇しています。二〇一二年の統計では、出国率は二〇代がもっとも高く、一九九六年と比べて一・三%しか違わなかったのです。

U26メンバーの中には、「パスポートとスマホがあれば、すぐに旅行に行けます」というくらい海外へ軽々と渡る者もいます。ネットやGPSを駆使して行き先の情報を調べ、事前にSNSで現地の友達を見つけておくのも得意です。旅行記録はスマホで発信し、ログ（記録）を取ります。

PC頼みだった時代は、まだプリントアウトのようなアナログな行動も必要でした。そう考えると、スマホのようなパーソナルメディアの台頭によって、若者の意識も社会生活のスタイルも大きく変わったことになります。

恋愛しない理由は、「別の消費欲」を優先しているから

厚生労働省が発表した二〇一三年の厚生労働白書を見ると、「異性の交際相手も友人もいない」若者が、男性で六割以上、女性も半数以上に上ります。

結婚に関する調査（一八～三九歳、未婚者が対象）ではどうでしょうか。男女とも九割弱（男性で八四・八％、女性で八七・七％）が「結婚願望を持っている」一方で、「異性の交際相手も友人もいない」男性は六二・二％、女性は五一・六％に上ります。調査のサマリーでは、「交際相手がいる若者は限定的」と指摘されています。

草食系男子は、いまやアメリカや中国でもよく知られている言葉で、最近の若者は、恋愛に苦手意識がある、恋愛を面倒くさがる、恋愛にそもそも関心がない、などと思われて

■恋愛より優先するもの

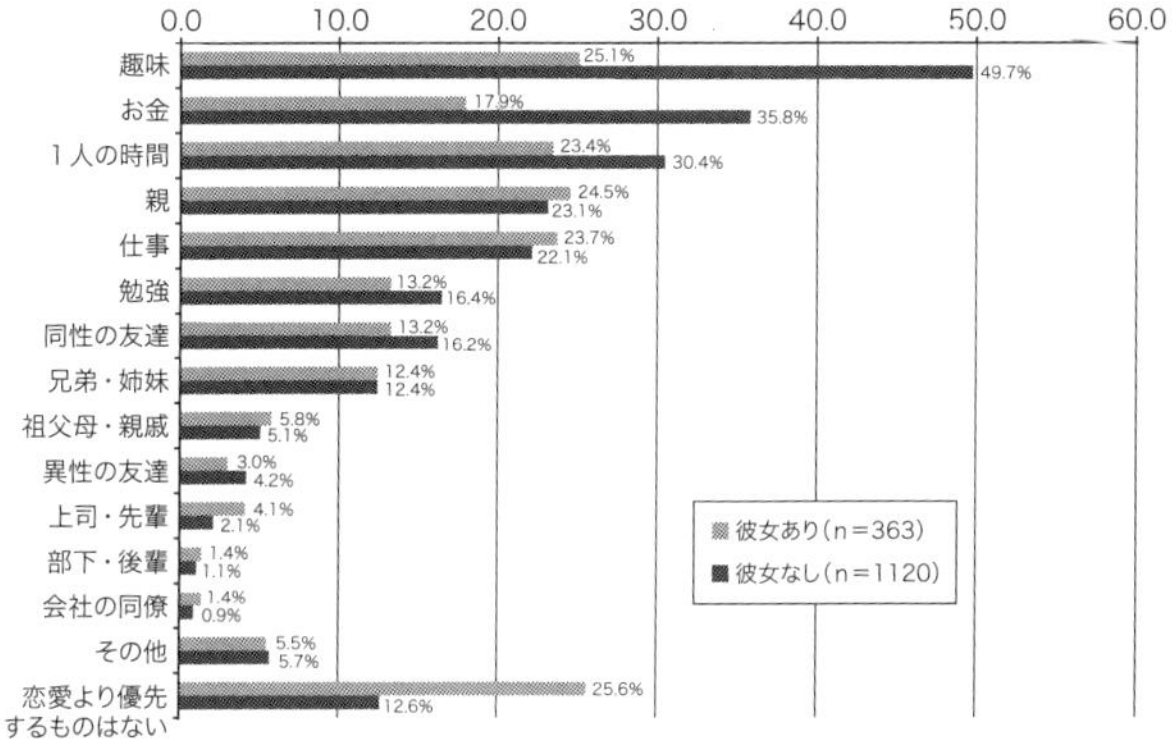

(株)リサーチ・アンド・ディベロプメント「U26／恋愛に関する意識調査」からのデータ

いるフシもあります。

ところが本当にそうかと言えば、U26メンバーに聞いてみると、少し違った側面が見えてきます。その証拠に、U26メンバーの大半には彼女がいます。一般的な恋愛や人間関係についての調査データより〝彼女がいる率〟は若干高いように感じますし、メンバー全員が、「彼女はいた方がいい」という意識であることがわかります。

二〇一三年に、R&Dが関東一都六県の二〇歳から二六歳独身男性に行った「恋愛に対する意識調査」では、「現在、彼女がいない男性」が恋愛より優先するものとして、いちばんは「趣味」です。次いで、「お金」「一人の時間」の順で多くなっています。

逆に「現在、彼女がいる男性」は、「恋愛より優先するものはない」と答える割合が一〇ポイント以上高いという結果が出ました。

つまり、彼女がいるかいないかで、趣味にかける時間やお金は大きく開いていて、「現在、彼女がいない男性」ほど、恋愛より〝ほかにしたいこと〟があると答えています。

趣味に夢中というのは比較的わかりやすい心理だと思いますが、

「恋愛よりいまは勉強がしたいんです。彼女を作ることより、勉強会などで知り合った人たちとの時間を大切にしたいです」

というような、彼女以外のネットワーク（人脈）を大切にする若者もいるあたりが、平成男子らしさかもしれません。彼女とダラダラ過ごすよりも、自分の気の合うメンバーと過ごしたり、ひとりの時間を有意義に使う方がいいと考えています。

では、以前と何が違うのでしょうか。

比べるのも申し訳ないかもしれませんが、かつて、オタクは変わり者呼ばわりされ、世間の風当たりはいまよりずっと強かったと思います。いまではオタクはそれほどヘンな存在でもなくなり、抜きん出て何かに詳しい人として受け入れられています。

彼女のいるいないも、それほどうるさく言われませんし、いないことに対しての外圧は以前よりずっと少なくなりました。バブルのころのように、「男なら、車を持っていて女がいるのが当たり前。そうでなければカッコ悪い」といった社会とは明らかに変わったのです。

U26メンバーにもこんなエピソードがあります。

恋愛に積極的なU26メンバー二人が、恋愛に奥手なあるU26メンバーを連れ、三人でクラブに遊びに行ったそうです。最初こそ何となくもじもじしていた奥手メンバーも、積極的な二人にけしかけられ、最後には見事、お目当ての女の子の連絡先をゲットしたということです。

恋愛が苦手といっても、場があれば積極的にもなれる平成男子。若者がヤンチャなところは、いまも昔もあまり変わっていないのかもしれません。

結論▼ 実は、平成男子にもやりたいことや欲しいものはある

【誤解3】若者世代は〝消費離れ〟している

「自分の世代と比べて、若者はお酒を飲まなくなった」という声はよく聞こえてきます。

確かに最近の二〇代男性には、晩酌の習慣はほとんどありません。厚生労働省が発表した「飲酒習慣の状況」を性・年齢階級別（平成一七年の国民健康・栄養調査より）で見てみると、四〇代、五〇代男性ではほぼ二人に一人が「飲酒習慣率」があるのに対し、二〇代男性では五人に一人未満。習慣飲酒率とは、週三日以上、清酒に換算して一日あたり一合以上飲酒すると回答した人の割合です。

これを「平成二四年」の「国民健康・栄養調査」で見てみると、飲酒習慣があるのは、二〇代男性では一四・二％でほぼ七人に一人未満しかいないのに、四〇代男性で三七・三％、五〇代で四五・三％と、二～三人に一人いる計算になります。数字の上では、若者がお酒を飲まなくなったという印象もうなずけます。

しかし、R＆Dが「国民健康・栄養調査」から抽出したデータで見ると、実はオジサンたちもアルコール離れしていることがわかります。二〇〇三年と二〇一一年の「飲酒習慣

■飲酒習慣率の変化

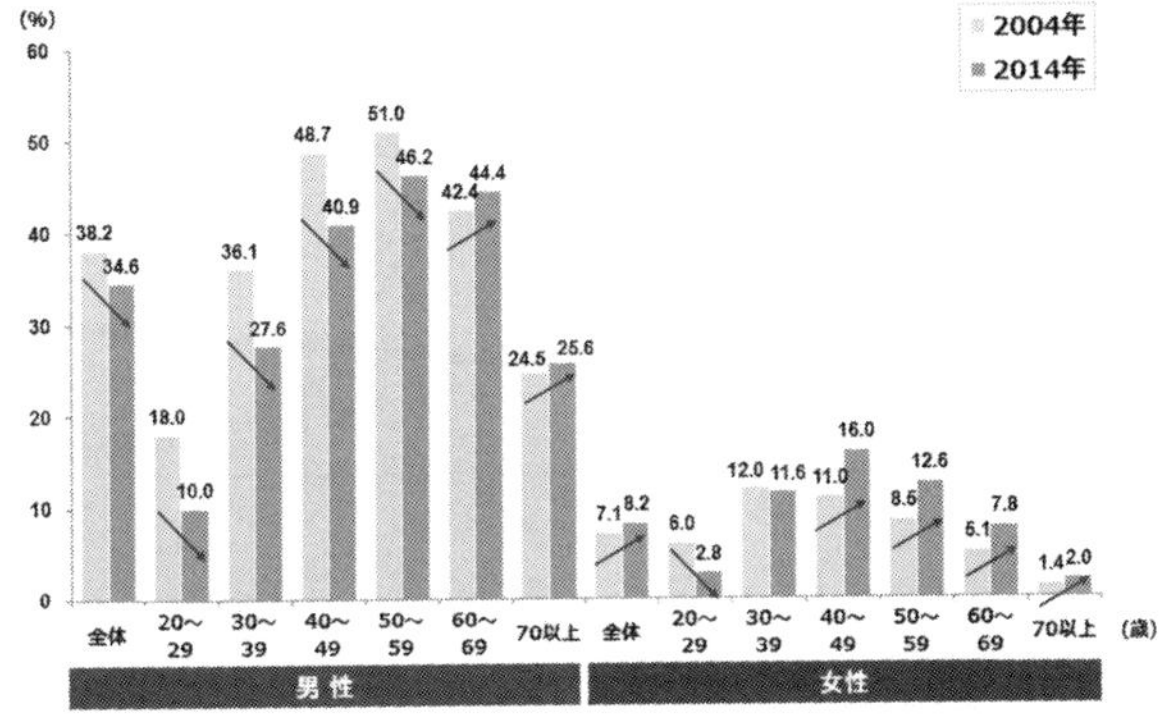

(注)飲酒習慣率とは、週に3回以上飲酒し、飲酒日一日あたり1合以上を飲酒すると回答した者の割合。
(資料)厚生労働省「国民健康・栄養調査」

率」を見てみると、二〇代では、二〇・二%から一四・七%に減少していますが、四〇代、五〇代でもそれぞれ七%以上ダウンしています。お酒離れは、社会全体で進んでいるのです。

そんな状況の中で、実は、平成男子は飲み会には積極的に参加しています。飲み会の回数そのものは多くないのですが、意外にも、飲み会のためのお金は惜しみません。酒席は、つながりの場や一体感を味わう場と考え、集まることは好きなのです。

ただ、飲む場所は居酒屋でなくてもよく、カフェでもいいというのは平成男子らしい趣向と言えます。「人と話すときにはやっぱりお酒があったほうがいい」と考えるものの、夜カフェでお酒を飲むかコーヒーにするかはそのとき次

■ストレス解消行動の他世代との比較

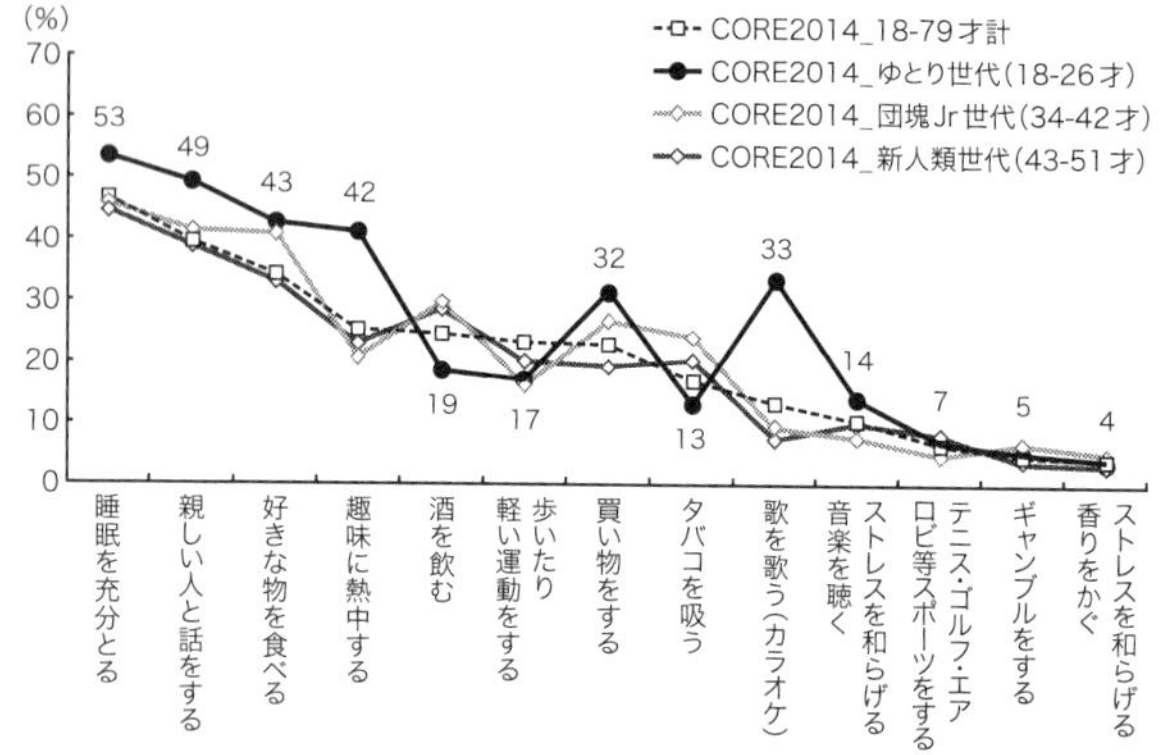

(株)リサーチ・アンド・ディベロプメント「CORE 生活者総合ライフスタイル調査システム」2014

第です。

彼らにとって、お酒は大切なコミュニケーションツールという位置づけですが、一杯目から、カクテルでもハイボールでも、自分の好きなものをバラバラに注文します。

「とりあえずビール」と合わせたりもしますが、それは手っ取り早く乾杯するため。以後、お酒の種類もピッチも、マイペースで飲みます。

また、体質的に飲めないわけでもないのに、あえて「ウーロン茶」「コーラ」といったソフトドリンクで飲み会を楽しむのも平成男子の特徴と言えるでしょう。

「CORE」の「ストレス解消行動の他世代との比較」では、ストレス解消のために何をするかと聞いたところ、団塊ジュニア世代や新人類世代、つまり三〇代半ば以上は「お酒を飲む」という割合が高いのですが、ゆとり世代は「お酒を飲む」という割合は低く、「親しい人と話をする」「趣味に熱中する」「カラオケ」の割合が高いことがわかりました。

彼らは、お酒をストレス解消の手段にしていません。大切なのは雰囲気を楽しむことで、何を飲むかではなく「誰と飲むか」に価値を置きます。「酔っ払う意味がわからない」と言うメンバーもいるくらいです。

そのように、若者は決してお酒離れしているわけではありません。お酒の役割が変わってきただけなのです。

20年前の「若者像」が、若者をマーケットから排除する

こうしたお酒の誤解に限らず、平成男子は必要と判断すれば買い物もします。彼らの部屋を見ても、モノが少なくてがらんとしているわけでもなく、それなりにモノは持っているのです。

にもかかわらず、若者は消費しないというイメージが強いのは、おそらく「四〇代以上

の大人」と「二〇代の若者」との間にある、コミュニケーションギャップのせいだと思います。

若者が言う「買っていません」は、大人がイメージする「ある程度の年齢になれば持っているはずのブランド品はもちろん、モノそのものを買っていない」であり、大人からは、若者がそうした大人の期待通りのモノを持たないので、「若者は買わない」と見えているだけなのです。

たとえば、そのときに周囲で話題になったモノ、「カメラならニコンがいいよ」となればそれを買ってみるなど、自分なりに興味を惹かれるモノならわりにすんなり買うのです。実際、「若者は買わない」という思い込みフィルターを外して見ると、結構モノは持っています。

ところが、メーカー各社には、ゆとり世代やさとり世代に「自分たちの商品を買ってもらっていない」という実感があります。

では、こうした消費のギャップはどこから来ているのでしょう。

思うに、若者に商品が売れないのは、ものすごく単純な理屈です。若者向けの商品を作っていないからです。「彼らはどうせ買わないだろう」と決めつけて、マーケットから排除してきた結果が、若者市場の縮小につながっているのだと思います。

クルマは、いまでも地方では一定数売れています。それは移動手段として必需品だからです。しかし、バブル期のように、モテるためや彼女を助手席に乗せたいから買うのとはちょっと違います。女の子のために買うなら、少しでもカッコいいクルマをと考えるでしょうが、自分のためなら、安くて実用的なものを選びます。

実はいま、アメリカでは、日本のゆとり世代に相当する二〇代は〝ミレニアル世代〟と呼ばれ、消費市場ではいいお客様だと見なされています。日本と大きく違うのは、二〇代の消費力への期待です。ミレニアル世代よりもう少し上、三〇代はアプリなどを活用して新しい消費をしてくれるので、それはそれでありがたい存在ですが、ミレニアル世代は、もっと口コミ力に長《た》けています。レビューを書いてくれたり、SNSで拡散してくれたり、情報発信の一大勢力なので、メーカーにとって無視できない年代なのです。

日本とアメリカの人口構成比は、かつてはどちらもピラミッド型でしたが、いまは日米とも少子化の影響で釣り鐘型に近づいていています。しかし、アメリカは釣り鐘のボトムの部分が広く、若者や子どもがそれほど減っていないのに対して、日本は釣り鐘の上部が膨らんでいて下部が狭くなっています。少子高齢化が極端に進んでいるとはいえ、アメリカのように、若者市場をうまくつかめるかどうかが、やはりビジネスのカギなのです。

企業から見れば若者離れだが、若者から見れば〝企業離れ〟

「若者に仕掛けるのは簡単だ」と訳知り顔で話すマーケッターがいます。これはテレビCMを軸に、話題の芸能人を使うとか、パブリシティを大量に投下することで認知を挙げていた時代の経験知からの発言だろうと思います。

いまは〝仕掛ける〟といっても、〝あらかじめ感〟が匂う準備はすぐに見抜かれ、〝このバズ（口コミ）は仕込みだった〟という情報がネットに上がりますし、そうしたヒットの裏側が見えた途端に、消費者はドン引きしてしまいます。全方位からチェックが可能な時代に、下手な小細工は利きませんし、ヘタをすれば炎上のタネにもなりかねません。

二〇一〇年にUCC上島珈琲がツイッターを使って行ったマーケティングの仕掛けは、典型的な炎上事例でした。同社は、コーヒーにまつわるエッセイ募集のキャンペーンを行う際、告知のため、ツイッターのBOT（自動プログラム）アカウントを複数個作りました。珈琲、懸賞などといったキーワードに反応し、フォローしていないアカウントにもたくさんのメッセージを送ったため、ツイッターユーザーの間でスパムだと話題になってしまったのです。

同社は炎上騒ぎにすばやく対応し、結果的には短期間に収束して「神対応」とも言われましたが、やはりこうしたプッシュ型のマーケティング手法は、いまや通用しないコミュニケーションです。

要は、企業側の思惑とは裏腹に、いわゆる仕掛け、もっと露骨に言えば、〝やらせ〟は、全くとは言いませんが、ほとんど通用しなくなっています。

では、若者は広告に拒否反応を持っているかと言えば、それも違います。彼らへのインタビューを通してはっきりわかるのは、広告が情報収集の第一アクセスではなくなっていることです。電化製品を買うときに、スペックを確かめるとしたら広告も便利だし、最後の確認で利用することもある、という程度だというわけです。広告に対して、アンチではないけれど、活用度もそこそこなのです。

こうした状況から見えてくるのは、〝若者の〇〇離れ〟は、決して若者自身が消費から離れたわけではなく、企業がツボを外した表現でミスマッチなアプローチばかりしてきた結果だということです。自分たちの間違いを認めない上に、企業自身が若者に〝○○離れ〟というレッテルを貼れば、若者は当然、自分たちが消費者として期待されていないことを感じます。当の若者がしらけてしまうのも道理かもしれません。

企業から見ると〝若者離れ〟ですが、若者から見れば〝企業が（自分たちから）離れていっている〟という図式です。メーカーも日和《ひよ》る必要はないでしょうが、このように若者側から見たら市場はどうなのか、現状を理解することも大切だと思います。

結論▼ 実は、平成男子は消費している、消費のしどころが変わっただけ

第2章

〝買わない世代〟のリアル

――なぜ昔のように買わなくなったのか？
今、何を買っているのか？

「安かろう悪かろう」は過去のもの――若者にとって「価格」とは

ゆとり世代やさとり世代は、デフレ社会しか経験したことがありません。デフレは安くていいモノが当たり前に手に入るという面に目を向ければ、悪いことばかりではありませんが、最上のモノに触れる機会は少なくなります。

たとえば時計を買うとき、「せっかくならロレックスがほしい」という子もいます。少しは、ブランドへの信頼も残っているのかなとも思います。

「どうせなら、手の届かないようなモノがいいです。だけどそういうのを、ローンで買うのはイヤです。いつ飽きるかわからないのに。大人たちが言う〝いいモノを持っている満足感〟って何ですかね」

デフレが長く続いたことによって、モノの価値と値段とが必ずしも比例しなくなっているいま、そもそも所有欲が希薄な彼らは、高級品は本当にたくさんのお金に見合うものなのかどうかを、どうしても考えてしまうようです。

たとえば、彼らにも、一〇〇〇〇円で買える時計とロレックスの違いはさすがにわかります。けれど、おしゃれなデザインの八万円の時計と高級ブランドの三〇万円の時計の差を、ロゴのあるなしだけでは到底実感できないのです。

デフレに突入して以降、メーカーは戦略として、製品の性能や機能を重視、つまり、車であれば燃費、デジカメであれば解像度など、数字に表れやすい、目で違いがはっきりわかる部分を軸にして、開発や販売を進めてきました。

そうしたスペック競争や価格競争は激化していき、さすがに、リーズナブル感での勝負は限界に来ています。だからといって、いまさら高級志向に戻そうとしても、消費者は納得できません。

ブランドイメージは「どの時点から見るか」で大きく変わる

ブランドのよさは、品質や機能性だけではなく、ブランドストーリーとも深く関わっています。高級ブランドでは、その歴史やコンセプトが若い消費者にきちんと伝わっていないことも、訴求力の弱さになっているように思います。

一方、ブランド戦略として、活気のあるジャンルもあります。ナショナルブランド（N

B）とプライベートブランド（PB）の競争はなお激しいものがあります。ナショナルブランドは、メーカーの自主企画で作り、スーパーやコンビニなどの小売店などに卸して流通している製品。プライベートブランドは、小売店が企画してメーカーなどに生産を依頼し、流通させている製品です。

コンビニチェーンがプライベートブランドを出したばかりのころは、同業のメーカーも消費者も、「コンビニエンスストアが作ったものなんて」と高をくくったような見方もありました。ナショナルブランドへの信頼は大きく、プライベートブランドのカップ麺やソフトドリンクなどの売れ行きは、やはりいまひとつでした。

しかし、U26世代を含め、それ以下の年齢層では、コンビニは、ブランドと購買とを結びつける非常に身近なコンタクトポイントなのです。幼いころからコンビニで何を買ってきたかは、ブランド選択にも少なからず影響を与えています。

幼少期から身近にあったモノに対して、誰でも無意識に信頼感や愛着があります。大人にとっては途中から生活に入り込んできたものでも、若い世代にとってはナショナルブランドよりずっと生活に密着していたのがプライベートブランドです。

違和感など持ちませんし、そもそも便利で役立つものにそのまま流れていくのは当然の理ですから、若い世代は、ナショナルブランドかプライベートブランドかという二択を意識することも少ないでしょう。

プロのマーケッターは、ヒット商品の変遷が頭に入っていて、そこから未来のヒット商品を予見しようとしますが、生活者にとっては変遷などどうでもいいのです。

アップル製品は、ある時期まで「先進的」なアイテムだと思われていましたが、メンバーのひとりは、「インフラのひとつ」だと言い切りました。ソニーは、ウォークマンやプレイステーション、バイオなどを使っていたオジサンたちには評価の高いブランドですが、若い世代にとってはそうしたキラキラした体験がありません。ソフトバンクは携帯市場では後発組ですが、ロボット設計ではリーダー格企業です。ブランドといっても、どの時点から評価するかで、イメージはずいぶん違っているわけです。

若者が憧れるブランドには「プラスアルファ」がある

若者にとって、そのバックグラウンドもわからない、ただ値段がべらぼうに高いハイファッションブランドは、魅力のないものになりました。では、ブランドが意味を持たなくなったのかと言えば、そうではありません。自分たち自身が「これってすごいな」と価値を認めたときには、若者にとってやはり価値ある〝憧れのブランド〟になるのです。

たとえば、廃タイヤなど廃棄物を使ったファッション雑貨を作る「ニューズドプロジェクト」です。

最近注目されているキーワードに、「アップサイクル」があります。リサイクルは再利用という意味ですが、アップサイクルとは、廃棄物を活用して付加価値を与え、新たな製品に生まれ変わらせることを言います。

廃タイヤや建築廃材を利用したバッグ、余り生地《きじ》を利用した小物など、アップサイクルにはさまざまな可能性があります。

そうしたアップサイクル製品が、若い世代を中心に支持されています。古着の話と同じ構図で、若者たちは作り手の思いや製品の成り立ちの背景に共感し、そのメッセージ込みで買いたがります。これもまた、シミュレーション消費から一歩抜け出て、実際の購買行動につなげている例です。

そうしたアップサイクル製品を多く世に送り出しているのが、NPO法人「ニューズドプロジェクト」です。学校の椅子の背板を利用した木製のハンガー、ウエットスーツ生地を使用したカラフルなサドルカバー、シートベルトでできた蝶ネクタイなど、美しいアイテムをいろいろ扱うオンラインショップを運営する他、アートイベントに出品するなどしており、作るだけでなく、魅力を広くアピールすることにも力を注いでいます。

アップサイクル製品は、とてもエコなアイテムに見えますが、若者は、エコなところに共感して買っているわけではありません。あくまでカッコいいファッションアイテムとして選んでいます。

ここに、面白い事象が見えてきます。調査してみると、若い世代のエコ意識は全体的に低めです。これは二〇代以下ではエコ意識の次元がそもそもすごく高いために、あらためてエコ意識について聞かれると「別にそれほど意識していない」という回答が集まることになるからです。それでも彼らは、自然にエコに則った正しい行動をしています。子どものころから、ゴミの分別が当たり前のアクションとして成長してきたため、長じてからゴミの分別を要求された私のような世代とは、もともとの感覚が違うのです。

この他にも、似たような事象があります。ファッションについて考えてみましょう。平成男子に「ファッションに興味ありますか?」と尋ねれば、「そんなにないです」と答えるはずです。バブルおやじ世代の方がおしゃれについての意識は高いのですが、平成男子はセンスのベースがあり、実際はおしゃれは上の世代より上手です。

興味や趣味という言葉でイメージするレベルが高すぎるのも、ゆとり世代です。その世界では天井知らずの知識がある人をインターネット上でたくさん見ているので、自分レベルでは、〝趣味〟とは言えないと自己規制している若者も多いのです。みな何かしら熱中したりした好きなことはあるはずなのに、就活などで趣味を聞かれても「特にありません」と答えてしまうところがあります。こだわりが、昔よりも強く深いのです。

話を先ほどのアップサイクルに戻すと、エコや再利用に軸を置き、〝材料がもったいないから作ってみた〟だけでは、エコが染みついている平成男子には響きません。ニューズドプロジェクトの製品は、まずデザインとしてカッコいいということ。しかも、捨てられてしまうはずだった材料を有効活用してるなんてすごいと、製品自体を評価しているのです。

世代間ギャップが大きいジェンダー意識――育んだのは昔とは違う「家庭科」

U26のコミュニティメンバーは、他の世代の男性に比べて、掃除マメで小ぎれいな部屋に住んでいます。掃除だけでなく洗濯などちょっとした家事も普通にこなします。柔軟剤を何本も持っていて、気分で使い分けたりするメンバーもいます。

この行動の変化には、受けてきた学校教育が少なからず関わっているように思います。

一九七三（昭和四八）年ごろから始まった変革に、「家庭科」の男女必修化があります。それまでは「技術科」「家庭科」と、男子向け、女子向けに分けられ、男女別に行われていた内容を、男女がともに履修するように変わりました。しかし一部の課題では、やはり男女が別教室で学ぶこともありました。

そうした性差をさらにフラットにして、男女が同じ教室内、同じ教科書で「共修」することになったのが一九九四年（平成六年）でした。平成世代は、このように、男女の垣根のない教育を受けてきた子どもたちなのです。

それだけに、平成男子には、「○○は男がやるもの、△△は女がやるもの」というジェンダーバイアスがあまりありません。子ども時代から、たとえばランドセルの色も運動靴の色も自由に選びますし、欲しがるモノがユニセックス化している気がします。

生活スタイルにおいても、いまは育児をする男性を「イクメン」などと呼び、やや特別視している観がありますが、平成男子は家事も育児も、女性に依存せず、普通にできてしまったりします。家事をめんどうに思うのは、男女差というより個人差でしょう。家事育児を男性も分担するのが当たり前の社会になってきているのを感じます。

平成男子の家事意識において、洗濯にこだわりがあるメンバーは比較的多いです。それは、洋服の着こなしで大事にしていることの中に「ヨレヨレしていないこと」がよく上がってくるのとも関係があると思うのですが、好きな香りの柔軟剤を何種類も使い分けたりするメンバーもいますし、洗うのは母親に任せても、畳むのは自分でやると言う子も結構います。

「お母さんにやってもらうとTシャツの変なところに線が入るから、自分で畳みます」

彼らは何を着るか以上に、服のシワやヨレなどで不潔に見えることを嫌います。社会人だとスーツのお手入れに気を使っていたり、出かける前には絶対に靴を磨いたり、身だしなみには手を抜かないのが平成男子です。

大人の知らない、新しい時代の「情報発信源」とは

若者のテレビ視聴時間は、若い年代ほど短く、テレビ離れの傾向が顕著です。

平成男子も、ユーチューブやニコニコ動画などの動画投稿サイトを無料で楽しむことが

多く、それ以外でも、「ネットフリックス」「フールー」「Amazonプライムビデオ」など定額の動画配信サービスの方が身近なようです。インターネットのコンテンツが、彼らの生活にがっちり食い込んでいます。

しかし、R&Dのリサーチによれば、「欲しいものがある男性で、こだわりジャンルがある人」の群では、情報ニュースのソースとして、テレビや新聞、雑誌などのマスメディアもある程度は活用していることがわかっています。メンバーからは、

「テレビCMとかも見ますよ。でも第一アクセスの情報源じゃないですね」

というコメントがよく上がります。

その一方で、気になる情報は、まずツイッターから拾うという声があります。

「自分好みの情報を発信しているユーザーを積極的にフォローして、情報を集めます。大抵のことは、それで解決できますね。いま流行っているコトとかモノとかもわかります。でもそれよりほしいのは、自分に合っていそうな情報なんですよね」

「自分に合っている」「自分が共感できる」「自分好み」など、感性が合うことを優先するのが、平成男子の情報選択です。

かつては、雑誌が消費者を半歩リードする形で情報を流し、それを追う消費者によって

トレンドもブームも、オタク的な市場も作られていきました。デザイナーやスタイリストなどファッションのプロや、広告系のトレンドセッター、車や靴など特定のジャンルの専門家が、雑誌の記事を介して教えてくれた情報に価値があって、カッコいいことはそこに集約されていました。

一方、平成男子の場合、重視している情報の発信源は、インターネットです。手のひらから簡単にアクセスできるスマホで、ほしい情報を集めます。その際、チェックするのは「そのジャンルではネットで有名な一般人」「より自分のプロフィールに近い一般人」「そのジャンルで自分が共感できる一般人」という回答が多いのです。これは、マスメディアや、そのジャンルのメーカーや企業が発信している情報を重んじる四〇代以上の回答と大きく違う感覚です。顔の見える相手が一枚噛むことで、垣根がなくなっていくのです。

U26のコミュニティメンバーでも「その情報、誰が言っていました？」というように、発信者にこだわる発言がよくあります。気になった相手をフォローしても、しばらくしてあまり合わないなと感じると、遠慮なくフォローを外します。情報発信者との感性、感覚の合う合わないにこだわる、平成男子の特徴が見て取れます。

オトコも受け入れる「カワイイ」。大人の使う「可愛い」とは別物

任天堂の新しいゲームサービス「ポケモンＧＯ」が世界中で話題です。ポケットモンスターは、一九九六年にゲームボーイ用に発売されたゲームソフトのキャラクターですので、ゆとり世代は、ポケモン世代でもあります。

彼らは、子どものときからポケモンを日常的に持ち歩く体験をしました。実は、男の子が可愛いモノを持つことは、初めての現象なのです。

六〇年代、七〇年代に子ども時代を送った世代は、ウルトラマンや仮面ライダーが男の子のヒーローです。ポケモンのようにふわふわカワイイものではなく、メタリックで工学的でカッコいいものです。ポケモンも、基本はウルトラマンや仮面ライダーと同じ戦闘ゲームなのですが、ルックスの印象はまるで違うわけです。

しかし、そうしたポケモンの経験が、カッコいいとカワイイとの境界線をなくしました。そうした〝カワイイ〟でくくられるモノに対しての、社会の受容性も広がっています。

たとえば、高校野球の選手で、スポーツバッグに可愛らしいマスコットを付けているメ

ンバーも大勢います。

こんなこともありました。U26のコミュニティで集まったときに、あるメンバーが黄色い蛍光色のアディダスのスニーカーを履いてきたんです。そのとき、別のメンバーが「あ、お前、カワイイじゃん、靴！」と褒めたんです。

持ち物をカワイイと褒めるのは、女子のカルチャーだったわけですが、最近の若者は男でも普通に「カワイイ」という言葉を使います。ただし、大人女子が、キティちゃんやディズニーキャラクター、最近ならゆるキャラなどを可愛いと愛《め》でますが、それとは少し違うニュアンスのようです。

たとえるなら、日本のサブカルチャー好きな外国人がクールジャパンを「カワイイ」と言うように、男子もカッコいいアイテムに対して「カワイイ」と抵抗なく言ってしまうのでしょう。

ただ、メンバーに「カワイイ」と言ったよね、と指摘すると、照れくさいのか、「言ってませんよ」と強く否定したりします。カワイイが自然に出てしまうような時代でも、平成男子のココロはまだ完全には男性性から解放されていないのかもしれません。

「飾る」のではなく「整える」――身だしなみはソーシャルマナー

「彼女の化粧品とかシャンプーとか使って怒られたこと、あります（笑）。でもメンズ用とかむしろ『オッサンが使うものだろ。オレ、そんなに脂ぎってないし』って思うんですよ。やっぱり肌のきれいな女の子たちが使ってるモノのほうがいいんじゃないかと期待しますよ。男でも〝肌すべ〟って悪いことじゃない」

と教えてくれたメンバーがいました。

あらゆる世代で、「スキンケアは身だしなみ」と考え、男性も肌の手入れをすべきだという意識が高まっています。中でも二〇代、三〇代は「清潔感」を重要視していて、洗顔料や化粧水を日常的に使っている男性が劇的に増えています。男性化粧品の市場も大きく拡大しています。

いまはメンズコスメコーナーに力を入れて、売り場を広く取っているドラッグストアや量販店も少なくありません。また、化粧品メーカーやトイレタリーメーカーも男性消費者を意識した商品を次々と発表しています。

メーカーも消費者も、昔はスキンケアなんて女性だけがやるもの、男が手入れなんて……という見方から一変しました。いまや男性自身が「ビジネスマンとしては、清潔感をアピールするのも武器」という感覚なのです。

ただし、若い世代のそうした身だしなみの感覚は、「美しく飾る」というのとは少し違っています。意識されているのは「清潔に整える」です。習慣としてお風呂上がりに化粧水をつける行為が、「美容」に分類されるとしても、彼ら自身はそれを「美容」だと思われるのをあまり好みません。

そういう意味で、平成男子は、「メンズコスメ」という表現を嫌います。コスメ＝化粧品というイメージで、〝作っている〟感じは彼らの苦手とするところです。メンズラインにはアルコールの刺激が強い製品が多いので、自分たちより年上の脂ぎったおじさんが使うモノという連想を抱き、自分たち向けのモノではない、とジャッジするようです。

清潔感や若々しさは彼らの不文律なので、すべすべ肌やさらさらヘアを保つ、ある程度のケアはやっておきたいだけ。清潔志向からくる身だしなみレベルなので、自分をカッコよく見せたい意識の高さというより、ソーシャルマナーとして当たり前にこなしているのでしょう。

毎日、写真をライフログ的にSNSにアップする彼らは、ごく自然に、SNSを通して誰かを見ています。翻って、自分も誰かに見られているという感覚が根強くあります。カサカサ、ギトギトした肌や髪で不潔だと思われたくありませんし、そう見られることがマナーとして恥ずかしいようです。当然、ひげ、眉毛、鼻毛、すね毛など、毛の処理にも気を使います。

さらに上級者は、「接客業だから透明マニキュアを塗っています」「風呂上がりに化粧水だけでなくハンドクリームも欠かしません」となってきます。ディテールまで気にしているのはさすがです。

また、見た目の清潔感と同等か、それ以上に気にしているのが、「匂い」です。二〇代は「匂い」にとても敏感で、はっきりと好きな匂いがあると答える子は多いです。

一時期、市場は無臭ブームになったことがありますが、いまは再び、香りがあるものが人気になっています。この香りのトレンドが再燃したタイミングで、男性市場も一気に広がりました。その際、トイレタリーメーカーは男性用製品を売り出すことを考えたのですが、ある誤算がありました。

グローバルな市場では、男性用に特化した強い香りが好まれていたので、最初はそれを受けてメンズラインを生産しました。

ところが、リサーチしてみると、日本でニーズが高いのはせっけん、オレンジ、森林などナチュラル系の香りでした。洗顔料、柔軟剤なども、男性向けを強調しているモノは敬遠され、ユニセックスなパッケージで爽やかな香りのアイテムがゆとり男子にはウケがいいことがわかりました。

匂いを楽しむのと並行して、匂いのケアも意識されるようになってきました。ゆとり世代は汗のニオイ対策や口臭対策などに積極的です。制汗剤やデオドラント用ボディーソープ消費も伸びています。

二〇代の若者に「理想の三〇代像」を聞いてみると、ナチュラルなカッコよさを挙げる割合が高いです。むちゃくちゃおしゃれにがんばっているわけではないのに、清潔感があって飾らない魅力があるのがカッコいいというわけです。

清潔王子とでも呼びたくなる彼らが愛用しているのは、ナチュラル系やユニセックス系のアイテムです。無印良品のコスメ類は、彼らのそうしたニーズにとても合っているようです。化粧水などは、ドラッグストアなどで買うのではなく、無印良品で買うという男性はわりに多いです。

「ネットワークネイティブ」世代は、スマホの使い方が根本から違った

話は変わりますが、私のアシスタントをしてくれている青年は、平成元年生まれです。彼が言うには、

「これからはもっとヤバい世界になりますよ。いまの子どもたちは、親のスマホを借りて、スマホで遊んでます。そんな子どもたちが大人になったときにどんな社会になるのか。僕らの子ども時代はまだガラケーでしたから」

パソコン（デバイス）とインターネット（メディア）を使いこなすのがデジタルネイティブなら、スマホ（デバイス）上のSNS（メディア）であらゆる情報収集とコミュニケーションをまかなうのが〝ネットワークネイティブ〟です。

一九九〇年以降生まれ、つまりU26世代は、生まれたときからITやデジタル機器に囲まれていたデジタルネイティブに該当しますが、スマホは、彼らが中高生以降に普及し始め、生活に入ってきたデバイスです。そのせいか、その下の世代、ネットワークネイティブとは感覚がまるで違う、とU26自身が感じているようなのです。デジタルネイティブの

平成男子から見ても、物心ついたときにはスマホがあったような子どもたちが、どんなふうにリアルとバーチャルを捉えていくのかは未知の領域なのでしょう。

しかし、現実と仮想が地続きという兆しは、すでにあります。

平成男子の感覚では、ＳＮＳで自分のリアルな友達と、ＳＮＳの向こうにいる友達に、あまり区別はありません。目の前にいる友達に、ツイッターの中の誰かの話を振るとします。そこで、その友達が「そいつ、オレも知ってるよ」と言ったら、三人でつながることができます。彼らはバーチャルで、多種多様なつながりを作りますし、そうした仮想の友人と、現実の友人とに壁がないのです。そのネットワーク力はたいしたものです。

思うに、Ｕ26世代がスマホ好きなのは、そのときどきでいちばん便利なモノを使いこなしているだけで、実はそこに大きな意味はないようです。情報を調べるときにも、グーグル、ヤフーなどの検索エンジンではなく、当然のようにＳＮＳ検索するのも、いちばん効率的だと判断しているためです。

なぜなら、インスタグラムやツイッターといったＳＮＳこそが彼らにとって〝使えるリアルな情報〟だからです。

彼らは、ツイッターを常に開いているのですが、フォロワーを集めたいという心理は彼らの目的にはありません。ツイッターに親しむのは、自分好みの情報を発信しているユーザーを積極的にフォローして、情報を集めるためです。メディアから情報を受け取るのでなく、体験や知恵を共有することを〝情報〟だと認識しています。

スマホ愛用世代の感覚として、「ランキングは信用できない」「〝リアル〟には嘘はない」というものがあります。ステマ（ステルスマーケティング）が生まれて、若者はより広告を避けるようになりました。

レビューサイトには明らかなイヤがらせやデマも載っているので、チェックはしても、「レビューは最後の確認です。口コミをいくつかサッサッと見て総体的に判断する」という使い方に終始しています。彼らはリアルじゃない情報に、ノーと言います。

「最近インスタの広告がウザい。広告ってパッと見てすぐわかる」

「これは自分たちと違う人がやってるな、大人が作った広告だな、ってひと目でわかるので、それはスルーします」

インターネットが台頭し始めたころ、双方向のメディアが生まれたと言われましたが、実態は一方的に情報が送られてくるだけのものでした。むしろ、SNSとスマホの普及によって初めて、双方向のコミュニケーションが可能になったと言えます。

アラフォー以上の世代では、スマホに、ガラケーから恐るおそるなじんできた感じがありますが、若者はその新しさを肌でわかってパッと切り替えました。

平成男子の多くは、初めて使ったSNSがミクシィという世代です。ミクシィでコミュニティ機能の便利さを実感し、友人や部活の仲間とのコミュニケーションもSNSで取るのが当然の時代に育った若者が、便利なツールに引きつけられるのは自然なことです。「SNSで（知らない人とも）コミュニケーションを取ることに抵抗はない」のも当然なのです。

「おばさんはインスタグラムに来ないで」発言の真意

そういえば、SNS上での、OLによる「おばさんたちはインスタグラムに来ないでほしい」という旨の投稿が、さまざまな反応を呼んだことがありました。当人は追記して謝罪し、騒動は収まりました。この発言が賛否両論となったのは、大人と若者ではインターネットに求めるものが違い、コミュニケーションギャップが大きかったことが原因だろうと思っています。

趣味の合う仲のいい者同士でつながり、心地いいネット社会を構築できるのがSNSのよさです。同じネット社会でも、不特定多数とつながるブログや、実名制なので実社会と近くなってしまうフェイスブックとは文脈が違います。

そんなときに、会社の上司や友人のお母さんとつながってしまうのは、スマホ世代にとって居心地の悪いことです。先の投稿は、いいか悪いかは別にして、〝内輪〟だけで盛り上がりたい若者の、ホンネの拒否ではあるでしょう。

SNSとリアルの境界を考えるとき、ここにも大人と若者の断絶を感じます。私たちの世代から見れば、インターネットは世界に向けたオープンなものという感覚がありますが、実際には知っている人としか結びついていません。しかし、若者はクローズドなつながりを大事にする一方で、知り合いか知り合いではないかで境界線を引くことなく、趣味やセンスが合うからと、顔を合わせたことはなくてもよくコミュニケーションする相手というのがいたりします。

面白かったのは、あるメンバーに外国人の彼女ができたときのエピソードです。

彼はインスタグラムに、よく「ジャパン」のハッシュタグ（#Japan）を付けて、投稿していたそうです。すると日本好きな外国人の女の子がフォローしてくれ、彼女から「今度日本に行くから会いたい」というメッセージが来ました。実際に会った後には、つき合うことになったそうなのです。

ある年代から上は、「実際に知らない相手と会うこと」そのものに抵抗があるかもしれませんが、いまの若者は逆です。

「インスタで何度もメッセージ交換をしているから、初めて会ってもそんなに緊張しません。駅前で知らない人に声をかける方が、よっぽどハードルが高いです」

ナンパもSNSを通じてする方が気楽だというところに、隔世の感があります。

ツイッターやLINEなどSNSを介して人とつながることがうまく、四六時中誰かとつながっていたがるイメージがある平成男子ですが、意外な面もあります。〝自分らしくいられる〟ことにウェイトがある彼らは、ひとりの時間を大切にしたがるのも特徴です。

実家で暮らしているあるメンバーは、家がイヤだとか居心地が悪いというわけではないのに、帰宅前には一回どこかカフェに寄って、ひとり時間を設けると言っていました。ひとりになって、ほっとしたり、ぼーっと考えごとをしたりするのだそうです。

ゆとり世代は、彼女がいても、彼女のためにスケジュールを優先したりしません。彼女は彼女、友達は友達、自分は自分。そういう意味で人間関係をきちっと割り切っているのです。それも生き方なのかもしれませんが、私のような世代の人間から見ると、頭では理解できても肌感覚として理解しがたいのは否めません。

平成男子のデートは、「楽しそうな彼女」と「頑張っている自分」

自分の趣味や好きなことにはお金を使いますが、それ以外は節約派が多いのがゆとり世代です。メンバーのマサトは、こう言います。

「何か買うのも、自分にとって最低限必要なものだけなので。意識して『貯金しなきゃ』っていうのは全くないいんですけど、考えてみれば、オレ、ほとんど貯金してるなーって思います」

デート代も、もともとお金をかけずに楽しむのがうまい彼ら。また、学生時代に、男女平等、男女共修の洗礼を受けているので、ワリカンが多いようです。

そんなゆとり男子は、彼女に喜んでもらうためには〝手間は惜しまない〟ところもあります。優しいメンバーが多く、「デートの主役は彼女です。彼女のうれしそうな顔を見るのがうれしい」とニコニコしています。

U26メンバーの声を聞いてみると、女性主導型の恋愛をしていることが多いです。

「スケジュールとかプランとか、決めているのはだいたい彼女ですね」

「休みは彼女ために基本空けてます」

昔と同様にリードしたがる男性もいますが、彼女への気遣いは忘れません。

「いつも割り勘だと悪いから、たまに彼女がトイレに行ったときに支払いを済ませます」

「彼女が行きたがっていたホテルを取りました」

「クリスマスプレゼントは、オリジナルのテディベアを贈りました」

彼女がいないとカッコ悪いからというプライドもあって、好きかどうかは二の次で恋人を作っていたバブル期と比べると、いまの男の子たちは、女性を大切にする気持ちをしっかり持っていて好感が持てます。

デートコースを決めるときは、インスタグラムのマップ機能を活用。あまり、事前に計画を立てません。過去に自分が行っておいしかったお店の投稿を、地図で再チェックしておいたりします。自分が行った場所、食べた場所を忘れないために、マメに投稿もしています。

「この前のあの店、美味しかったよねって、前の場所が思い出せないときも、インスタグラム使えばすぐわかるんで、便利なアプリですよね」

というのはマサトです。

あるいは、ハッシュタグで「店名」＋「地名」で検索。評価を見て、参考にします。基本的に、ＳＮＳでつながっている相手のおすすめには反応しますが、顔の見えない不特定多数から作られるランキングやレビューはあまり信用していないという側面もあります。

アキヒコいわく、

「クチコミとかレビューって、人によって明らかに悪意で書いているヤツもいるんで。いくつか挙がっていれば、それを総体的に評価するっていう感じですよね。レビューが一人とか二人で、評価が割れてたらちょっと難しい。どっちなんだろうってなっちゃう。そういう場合はとりあえず行ってみるしかない。結局、レビューは確認作業のひとつです」

世代差を感じるのは、ショッピングデートです。私が二〇代だったころは、カップルで街をぶらぶらショッピングするのは定番のデートコースでした。しかし平成男子は、あまり彼女と買い物に行きません。もちろん行くメンバーもいますが、ホンネはこうです。

「洋服を買うんだったら彼女と行ったって話が合わないし。ふだん、服の話とかしている男友達と行った方が楽しい」

「洋服の話が合う人と行きたいんで、ゆっくり買い物したいときは彼女を誘いません」

彼女といるときには少し気を使う分、自然体でいられる時間も必要、というのが彼らの主張のようです。

母親と彼女とはＬＩＮＥをしない、と言ったメンバーがいました。既読で返事が遅れるとうるさく言われるのがイヤなのだとか。やりとりは、もっぱらメールにしていると聞きました。つながるのが簡単になったからこその悩みもあるのでしょう。

私が若かったころとは、恋愛のカタチも男女の関係性もまったく変わってきたなあと感概深いです。

「イケメン俳優」よりも「お笑い芸人」がモテる時代の背景

「○○男子」という呼称は、いまいくつあるのでしょうか。恋愛に奥手と言われる若者の呼び名も草食系男子に留まりません。女子ともつき合えるけれど男子と一緒のほうが楽しいという断食系男子、恋愛にまるで興味がない絶食系男子など、なかなかうまいネーミングです。

しかし、彼らは、決して女性が怖くて、あるいは面倒くさくて、近づかないわけではなく、心の底ではモテたいと思っているのです。

バブル期には、車を持っているかいないかで男のモテ力は変わりましたが、いまのモテ基準はまるで違います。メンバーに言わせれば、いまの若者にとって、

「カッコよさを磨くのはトークっす。見た目に気を使うことは当然ですよ？　それ以上にいまのモテは話し方や人柄っすよ」

だそうです。実際、美形のモデルや俳優と勝負できるくらい、いまのお笑い芸人はモテています。

表面上のカッコよさの偏差値は全体的に上がっています。シンプルなファッションがウケる時代ですから、街を歩く若者で驚くほどファッションセンスがない人もいませんし、平成生まれはみんな清潔そうで爽やかな印象の男性ばかりです。そこで差をつけるには、中身しかないと言う彼らの言い分はもっともです。

平成男子は、見た目のケアは自然に身についているので、トークを磨く方に努力が向くのかもしれません。

メンバーいわく、

「もちろん、洋服で多少はカッコよさもカバーできますけど、高級なブランドを着ればカッ

コよくなるわけじゃないですから。モテるかどうかってオーラです。立ち居ふるまいとか雰囲気が大事ですよね」

平成男子の根本には、男女問わずに、人に好かれるのはよいことだという考え方がある気がします。異性だけにいい顔してるような男はダメで、むしろジェンダーレスなタイプが異性にも同性にもモテるとわかっています。

モノを大切にするのも、お気に入りの洋服がボロくなるのがイヤだというケチな精神からきているのではなく、人から見られるので整った状態でいたいという気持ちからでしょう。

昔は「飾る」ことがおしゃれやカッコよさでしたが、いまは、あるものをよりよく見せるために「整える」、メンテナンスへの関心が高いです。自分の見た目を客観視しているので、プラスαとして、身だしなみを整えることにより気を配っているように思います。

ロールモデルは自分たち——親は尊敬するけど、「ああはなりたくない」

意外に思われるかもしれませんが、U26メンバーと話していると、彼らの会話にはよく「中身が大事」という言葉が出てきます。先にも少し触れた通り、彼らは、見た目だけカッコつけることをイヤがります。

それまでの人生で積み上げてきた自信や実績、人に慕われる人間性など、確固たる何かの軸があって前向きな人が、彼らの憧れです。一方で、「こうしたほうがいい、ああしたほうがいい」と押しつけてくる人には、聞いているふりでスルーします。

そこには、「時代が違う」という感覚があるのでしょう。前の世代のルールを振りかざされるのは困るし、唯々諾々と受け入れる気もありません。

不景気な時代に育ち、そこで汲々《きゅうきゅう》としていた大人を見てきた平成男子は、お金を稼ぐ大変さをリアルに実感しています。リストラなどもめずらしくなるにつれ、親が学費を払えずいつのまにか退学していたクラスメイトなどもいたかもしれません。そんな現実を知り、彼らは、「子育てはお金がかかるのに、自分を育ててくれてありがとう」という親への感謝を、人一倍、抱いています。

それほどに両親を尊敬しているのですが、同時に、親が子どもによかれと思って言うことが平成の現実と乖離《かいり》しすぎていて、素直に受け取れないところもあるようです。また、いわゆる昭和の価値観から抜け出せない親を見ていて、その生き方にならうことは大変すぎると思っているのかもしれません。

「親父の時代とオレの時代は違うから」

というのは反発しているのではなく、本当にこれまでのやり方では通用しないとわかっているからです。そういう意味では、親や親と同世代の中年を反面教師として、自分たち自身でこれからのロールモデルを作らなくてはいけないと真剣なのだと思います。

特に、彼らが世代間ギャップを感じているのは、効率性です。平成男子から見ると、アラフォーやアラフィフ世代は、やっていることにムダが多く、非効率的らしいのです。

若者が「ものを知らないこと」に臆さないのは、スマホで調べればわかるからです。覚えなくても、手のひらで解決できます。彼らにすれば、熟年層が大好きな高いお酒も高額ツアーも「そこまでしなくてもそこそこ楽しめるのに」と、もったいなく感じるポイントらしいのですが……。

典型的な大人の非効率さは、情報をキャッチするまでのスピードです。

たとえば、何かを買うまでに、大人たちは、メーカーのサイトでスペックを調べ、価格コムで値段を比較し、別のサイトでクチコミを読み……と、そこまでするのが〝きちんと調べる〟ことだと思っています。

ところが、若者たちは、そのジャンルに詳しい人にネットワークを使ってたどり着き、一発で答えを導き出します。自分たちの方が、スピーディに欲しいモノにたどり着けているという実感を、若い人は持っています。「まだ探せないんですか？ ムダなことをやってませんか？」と、焦れったい気分なのかもしれません。

さすがにいまは変わってきていますが、会議にＰＣやスマホを持ち込むことが是か非か議論もありました。

会議中にかちゃかちゃキーボードを打つ若者に、「話を聞いているのか」と大人は言いますが、若者にすれば、手書きのメモを取っても、あとでパソコンに打ち直すのだから効率が悪いわけです。大人に「メモを取れ」と言われても、若者は「ケータイに録音してますから大丈夫です」と、テクノロジーで対応しています。

現在は、テクノロジーの活用と昔ながらの慣習の移行期間とも言えるので、大人と若者のどちらの主張も正しく、テクノロジーをどう捉えるかというギャップの問題なのです。

技術の進歩に乗り切れていないおじさんたちを横目に、そのおじさんたちの世代が作ってきたテクノロジーに乗っかり、効率よくこなしていく若者たち。その変化は、いまの社会が何よりも効率を求めていることと無関係ではありません。いまの社会は、評価の軸のかなりの部分をスピードに置いています。評価の軸が一週間だったり四半期だったり、その短期間にどれだけの業績を上げるかが問われています。

アメリカは、ずっとこの時間軸ギャップが少ないのですが、それは単純に人口比の関係もあります。アメリカは比較的若者が現役世代を占めていますが、日本は高齢化していて、いまだおじさん層の声が大きいです。その結果、社会文化がちぐはぐなままだということもあります。

日本はよけいに何をロールモデルとするかが混乱しているので、若者は新しいお手本を模索しているのだと思います。

〝ひとくくりにできない〟世代の誕生

ゆとり世代は、小さいころから「個性を持て」という教育にさらされてきました。ゆとり教育が「個性を重視する」「好きなことを生かす」という価値観を求めて始まったことだからです。

個性を大切にというスローガンは、本当は、「多様性を認めよう」という話だったと思うのです。足が遅い子がいてもいい、算数が苦手な子がいてもいい、絵だけしか得意なものがない子でもいい。それも個性だよねと寛大に受け止めるはずが、ねじれた形で教育現場に持ち込まれ、できる子を褒めてはいけないとか、かけっこで優劣をつけるのはよくないから一緒にゴールしようなど、むしろ個性だった部分を横並びにされました。その上で、なお「自分らしさ」を身につけることを強要されたのです。

「ゆとり」と呼ばれる彼らは、誤解を恐れずに言えば、「自分らしくあれ」という教育に洗脳された世代だと思います。そのため、「自分らしさを持つ」ことに過剰にこだわります。

それも、外に向けてわかりやすく差別化できる個性でなくてはいけないと考えます。

たとえば、スポーツができるキャラなのか、リーダーシップを取れるキャラなのか、いじられキャラなのかなど、立ち位置をちゃんと確保して、自分らしくあろうとします。

そう考えると、大きなプレッシャーを乗り越えて、何とか個性を模索している彼らにエールを送りたい気持ちになります。

ただ、私のような世代から見て、いまの若者を見習ってもいいのではないかと思う部分もあります。

彼らは個性を磨くために、趣味や打ち込めること、好きなことを選んできました。

しかし私の青春期には、クルマやゴルフ、酒などに〝男のたしなみ幻想〟があり、好きじゃなくてもやらなくては大人の男ではないという空気が強かったのです。

それでひと通りやってはみましたが、結局は自分に合わないものは、ムダなお金と時間になってしまいました。

その点、現代では、フィギュア好きでもアイドル好きでも何でもありです。自分の時間の過ごし方こそが、自分らしさにつながっているのだと思うのですが、そのコントロールはいまの若者は上手いのではないかと思います。そのまま、いくつになっても楽しそうだなとうらやましいです。

第3章

「シミュレーション消費」という落とし穴

——だから若者は、〝普通に〟売っても買ってくれない

すべてのモノ・コトを〝想像の範囲内〟に変える「シミュレーション消費」

　前章でも触れたように、平成男子は、必要があれば買いますが、そうでなければなかなかモノを欲しがりません。

「自分の能力が上がったら、いろんなことをさらに楽しめるのになと思ったりはします。でも、実際にいまたくさんお金を渡されてもどうしようと考えちゃいますね。絶対になきゃ困るってモノがないので。それに、何かを手に入れる前でも、いまはいろいろな情報にアクセスできる分、『実際に使ったらこうなるのか』って、なんとなく見える部分も多いんです」

　と、U26コミュニティメンバーのマサトは言います。

「たとえば、BMWに乗れたらいいなと思ったときに、『じゃあ、BMWを運転しているときの風景はどうなんだろう』とかそういう疑問も、ユーチューブを見ればだいたい、マニアの人が車窓からの風景を動画に上げててくれたりしていますから。『ふーん、景色はこんな感じに見えるのか』『なるほど、ハンドル周りはこんな感じね』とイメージがつかめます」

悲しいかな、それが諸刃《もろは》の剣だとも言えます。

「そういうことがベッドでゴロゴロしながらでも雰囲気は理解できてしまうので、BMWはいまの自分に本当に必要かなとか、運転していてそんなに面白いかなとか考えてしまって。絶対に必要という理由がどんどん薄れていってしまうんです。それで結局は、『いま買わなくていいか』となってしまう。ディーラーまで行ったら、もっと真剣に買うかどうかの決断をするんでしょうけれど、ローンを組んでまで買いたいという大きな理由もないですしね」

つまり、SNSの投稿やユーチューブでの疑似体験である程度満たされてしまい、所有しなくてよくなるのが平成男子です。こうした消費スタイルを、私は「シミュレーション消費」と名づけました。基本的に情報だけで消費してしまった気になり、満足してしまう消費のかたちです。

シミュレーション消費は、SNSを通して、かつてないほどのリアルな情報が大量に流通しているために表れた現象です。

SNSに投稿されるのは、基本的にナマの情報です。雑誌や広告のように、編集されたり演出されたりした情報ではありません。実生活の中で体験したことのベストシーンを保存しておきたいという気持ちからアップされているので、いちばんおいしいところがそこには載っているはずだと平成男子は考えます。

それをパーソナルな空間、手のひらで見ることによって「やったつもり」「使ったつもり」「行ったつもり」になれるので、満足します。もっとも、満足と言えば満足なんですが、逆に冷静になって、『こんな程度だったら、まっ、いいか』と欲しい気持ちがしぼんでしまうこともあるようです。

このように、平成男子にとっては、消費はすべてが想像の範囲内です。

これまでの消費のしかたとどう違うのかと言えば、「購入前の比較検討段階」として情報収集するのとは根本的に違っていることです。

スマホを使いこなす若者にとっては、情報収集しているだけで〝体験した気になって満足〟してしまい、それが実際にモノを買うリアルな消費につながっていかないのです。シミュレーションすることが、実際に買う行為に取って代わってしまったのです。

また、情報が多いからこそ、何かしら持つ理由がないと所有しようと思わなくなったのではないかという予測もしています。平成男子は、モノの来歴や背景を大切にするので、傍から見るとA、B、C、どれも似たような〝青いシャツ〟だったとしても、それぞれにストーリーがあれば、彼らには別のモノに見え、そこに惹かれるのです。何かを買うときには、自分が持つ価値があると思える〝理由〟にこだわる傾向があります。

ゆとり世代の男の子たちは、欲しいモノがあればまずは画像検索します。気になる画像が見つかったら、そこからリンクに飛んで買うことを検討します。もしくは、そのお気に入りと似たアイテムを、ファッション通販サイト・ゾゾタウンなどで探します。

それなら最初からゾゾタウンで探せばいいという意見もあるでしょうが、膨大な商品数から自力で絞り込むより効率的なことは確かで、若い世代ならではの知恵だとも言えるでしょう。

ですが、気に入ったモノが見つかったとしても、すんなり購入するわけではないのが、「シミュレーション消費」世代の特徴です。粗悪品を安価で買うより、おしゃれで手ごろな価格の日用品を好んで買いますし、ソーシャルマナーを気にするために、スキンケア用品やデオドラント用品などオトコの必需品も増えてきています。こだわって買うモノは、その道により詳しい友人知人にアドバイスを求めたがります。これまで以上に、自分の生活に必要なモノを吟味して購入するようになっています。

「シミュレーション消費」は、こうして行なわれる

①検索――興味や関心のあることはまずスマホで瞬時に調べる

「答えが早いからじゃないですか。気になったことを、誰に聞くでもなく、いちばん手っ取り早く簡単に調べられるのがスマホなんで。そのまま放っておくと気になってしまうから、すぐちらっと調べます」

これは、U26メンバーのリョウが言っていたことです。

いつの時代も若者は情報に敏感ですし、積極的に追い求めようとします。そこは消費にクールな平成男子といえども同じで、興味があるモノやコトがあれば、まずスマホで調べます。

総務省の調査によれば、二〇〇五年から二〇一三年の九年間で、インターネットのデータ流通量は約八・七倍になりました。単純に、情報の量は一〇年くらい前とは比べものになりません。

過去の情報ソースといえば、テレビ、雑誌、広告でした。ただ、二四時間放送していても見るものは限られていますし、雑誌や広告が無数にあるといっても、やはりリミットはありました。みんな自分が読みたい雑誌を選んで、それを読んである程度の情報が得られれば十分でした。

ところが、インターネットの情報は底なしです。グノシー（Ｇｕｎｏｓｙ）やスマートニュース（ＳｍａｒｔＮｅｗｓ）など、様々なメディアの中から話題の情報だけを選別して紹介してくれる「キュレーションメディア」だけを追うようにしても、とても処理しきれないほどです。実際、溺れそうなほど情報量が増えている社会なのに、あるインタビューでアラフィフの女性たちはこう言っていました。

「私たち向けの情報がないのよね」

彼女たちは雑誌で育ってきた世代です。「自分たち向け」に最適化、セグメント（分割）化された情報を受け取るのが当たり前だったので、反対に、自分たちが能動的に調べる習慣がないのです。

当時の雑誌は、〝こだわり〟を表現したお手本でもありました。雑誌のグラビアに写っているモノは、ファッションでもインテリアでもひとつのカッコいいモデルとして輝いていましたから、その真似事をするレベルで十分満足していた人もいました。

もちろん、そのジャンルが好きであれば、そこからさらに深く掘っていったわけですが、雑誌では、あるレベルまでたどり着くと、むしろそれ以上の情報を得るのは困難でした。

それに対して、平成生まれはどうでしょう。彼らがこの状況を情報過多だと認識しているかと言えば、おそらく違うはずです。アイフォン（ｉＰｈｏｎｅ）が発売されたのが二〇〇七年の六月、翌二〇〇八年に日本で初めて販売されたアイフォンでもある「３Ｇ」が登場し、一気にスマホが普及し始めました。平成男子は一〇代からスマホに親しんでいるので、無尽蔵にあふれてくる情報の洪水から、自分向けの情報や自分好みの情報を的確に取るスキルが自然に磨かれています。そこが、四〇代、五〇代の層とは大きく違うところです。

若者は決して、テレビ、雑誌、広告といった旧来のメディアを否定してるわけではありません。それでも、無意識のうちに日々の情報を手のひらから受け取ってしまいますし、自分でも気づかないうちに、気になったらスマホで調べる行動をしてしまうのだと思います。

パソコンは、マシンの前に座って調べるツールです。つまり、何か知りたいとなれば、わざわざパソコンのある場所まで移動しなくてはいけません。もしかすると、気になって調べようとしたことも、なかなかパソコンの前に行けなくて忘れてしまった、ということもあったかもしれません。

対して、いまは気になったら手元で簡単に調べることができます。むしろ、あれこれいじっているうちに、本当に気になっていたことは何だったのかがわからなくなってしまうことはありそうです。

繰り返しますが、いまは凝り出せばどこまでも探せますし、どこまでも調べ尽くせます。そうなってくると、若い世代でも膨大な消費につながることもあります。古着好きで、押し入れにぎゅうぎゅうに古着があるU26メンバーなどは、その一例です。

②収集——膨大な情報を高速処理。画像や動画で〝パッと見で〟判断

「百聞は一見にしかずというか。いろんな文字を調べるよりも、いったいどういうモノなんだろうっていうのは、画像を見たほうがわかりやすい。一回写真で見て、もっと調べようってなるか、興味から外れるかっていうふるいにかけるのが画像は簡単なので」

画像検索も、U26メンバーの習性です。

電車でほんのひと駅ふた駅を移動する際にも、ついスマホを見てしまうという人は少な

くないと思います。ゆとり世代ではなおのこと、気になることがあればスマホでチェックし、特に気になることがなくても、なんとなくスマホで暇つぶしをするのがいまや普通になっています。スマホは若者のライフスタイルにもっとも密着しているツールなのです。

Ｕ26メンバーのグループインタビューでは、その最中にスマホを使ってもよいと解禁しています。会社の会議や打ち合わせなどでは、一般的にＮＧでしょうから、めずらしいかもしれませんが、そのおかげで、彼らが日ごろスマホとどうつき合っているのかを観察することができます。

グループインタビュー中に、ＬＩＮＥしながらインタビューの輪にも入っているメンバーもいます。人と一緒のときも互いにスマホを手元に置いています。自分が興味のある話題だと話に乗ってきますが、途中でわからないことがあると、さっと調べます。「さっき話に出ていたあれってこのことですか？」とスマホの画像をこちらに見せながら確認しますし、何かを人に教えたいときも、説明するより先に、「これ」と画像を見せるんです。きっと、それが彼らには日常なのでしょう。

平成男子はスマホ上で検索することに対して、とてもフットワークが軽いです。「ちょっと気になった」程度でもすぐに調べて、画像や動画でイメージをつかみたがります。

そのときに調べているのは、スペックそのものではありません。むしろそれが使われているシーンやシチュエーションなどを知りたがります。一般の誰かがＳＮＳに上げた、生活のリアルな場面での使われ方を確認するのです。彼らがそうして接している情報には、実は個人の体験を撮った画像もとても多いです。

デートで行くお店を探すにも、若者の間ではツイッターやインスタグラムで画像検索をするのが主流だとお話ししました。目で瞬時に内容がキャッチでき、情報として理解できるためです。インスタグラムのマップ機能は、過去に自分が投稿したおいしかったお店の地図がすぐ出てくるので便利です。食べログやぐるなびなど、ランキングやレビューを中心にしたコンテンツは、自分の判断を最終確認するための道具でしかありません。

彼らにアンケートで「レビューを参考にするか」と尋ねれば、「はい」にチェックを入れます。けれど、言うほどには使っていないのではないかと感じています。「レビューを見て、このお店に行きたくなった」という声を、若者から聞いたことがないからです。

参考にすると言っても、画像で探して、よさそうなところがあればレビューも確認して、「ああ、ここならいいかな」と考える。そういう手順ではないかと思っています。

彼らは、検索において「最安値のところ」「評価の星がたくさんついているところ」というふうに、リーズナブルさだけを追い求める探し方はしません。そのため、使い勝手のいいインスタグラムが基本になっているのです。

ツイッターが人気なのも、使い勝手のよさでしょう。一四〇文字の、パッと見て理解できる短文ということがウケています。LINEもまた、短文でメッセージを送り合うSNSです。長文でのやり取りもできますが、基本的には、パッと見てコミュニケーションができるように設計されています。

若い世代ほど、写真だったり動画だったり、コミュニケーションがより映像的になってきています。非言語化してきたとも言えそうです。

しかしながら、実は、テキストより画像はより多くの情報を伝えられるという強みもあります。周辺の状況が一緒に写り込んだりもするので、テキストではこぼれてしまう情報も、発信者は直截的に伝えることができ、受け取る側は直感的にわかるからです。

ちょっと話題はそれますが、若者と壮年の感覚の違いは、そうしたコミュニケーションのスタイルにも表れています。

シニアの方がお孫さんとメッセージをやりとりするとき、シニアの方は長く書いて送りますが、お孫さんの方は、「了解」と送るだけ。シニアの方にすれば、そっけない、冷たいと感じるかもしれませんが、お孫さんにすればごく普通の反応をしただけです。

動画の急激な人気拡大も、検索の形が変わったことの証左でしょう。面白6秒動画をループで流せる動画共有サービスのヴァイン（Ｖｉｎｅ）が注目を集めていたり、ユーチューブでも6秒動画まとめなどが増えてきました。何でも〝画《え》〟で見たほうが早いという若い世代にとっては、文字だけだらだら続くメッセージは「ムダに長い情報」と映り、もはやつき合っていられない気分なのかもしれません。

若者は、ＳＮＳやアプリで情報を受け取るだけでなく、使いこなすことが上手です。自分自身で使い勝手がいいように、うまくまとめていきます。結果として、自分がリーチしている情報を、他者に伝える力もついてくるのです。

③記録――「自分ログ」として、戦利品の画像や動画をスマホに記録

ゆとり、さとり世代にとって、インスタグラムの投稿やセルフィー（自撮り）のない日常は、もう考えられないと思います。

「思い出とか、自分が気に入った画像は保存します。簡単じゃないですか、コスパがいいっていうか、金だってかかんないし」

「いちばんわかりやすい記念ですよね。どこかに行っておみやげ買うとお金かかるけど、お菓子とかだと残らないし。一緒に写真撮ろうってすれば、その写真だけで『ここ行ったな』『こういう人たちが一緒だったな』と記録が残るので」

「撮っておけば思い出になりますよね。後々見返したときに、『こんなところ行ったなー』ってひとりでも盛り上がったりできますし、すごい久しぶりに友達と会ったときに、『覚えてる?』と写真見せたら、『懐かしい』と共通の話もできます」

若者たちはそんなふうに、写真アプリのSNSとつき合っています。

SNSは仲間や不特定多数の人々とつながり、有益な情報を共有できたり、何か問題提起できたりと、ソーシャルな役割を果たしている部分もありますが、実際に投稿されている情報のほとんどは、今日食べたものやきれいだった風景、気になった何かを撮影したもの、子どもやペットや旅先での記録など、日記のような内容です。

それに誰かが反応して書き込むときもあれば、単に見て楽しんでいるときもあります。誰かが読むことや誰かに読まれることを前提に、他者に向けて発信されているブログと違い、最近のSNSは、先の発言にもあったように、自分のための記録用タイムラインとして利用しているケースが目立ちます。外向けではなくて自分向けなのです。

スマホ世代がインターネット世代と大きく違うのは、ブログを持たない世代だということです。インターネットに親和性の高い世代はブログで発信していましたが、スマホ世代では、パーソナルなツールの延長線上にSNSがあり、そちらになじんでいます。「SNS画像」は公的なものではなく、かなりパーソナルな空間だと見なしているように思います。若者と話していると、ツイッターなどに投稿する画像も、パブリックに拡散されるかもしれないという意識は思った以上に低いことがわかります。要は、自分の記録のために一応SNSに上げておこうというだけで、広く何かを発信したいとか、ひとりでも多くの人たちに「見てね」というつもりはない気がします。

そんな平成男子が買うのは、生活に必要だと思うノームコアのシンプルなものか、自分の趣味のモノかのどちらかです。

第1章でも触れましたが、ノームコアは、究極に普通なアイテムを組み合わせてカッコよく着こなすファッションスタイルです。ノームコアブランドの代表格は、無印良品です。「無難じゃないものに特に魅力も感じないので、なんとなく無難を選んじゃいますね。無難なものもクオリティはどんどん上がっているので、だったら無難なものを持っていることも恥ずかしいことじゃないなって思えるようになってきました」

「高校のときは無印良品は好きじゃなかったんですけど、コンビニとかで無印のアイテムがあると、普通にどこに出しても恥ずかしくないし、いろんなシーンで使えるなとか思うので、買っちゃいますね」

そうして自分のセンスで買ったアイテムは、ひとつの思い出ですから、その体験を「気ごころの知れた仲間と共有するために」、着こなし画像をスマホに残しているのだと思います。

そこには、消費をめぐる意識の変化が見て取れます。やや語弊があるかもしれませんが、以前は、モノ自身に主体がありました。たとえば、「カッコいいジャケット」は、ブランドだったり値段だったり〝ジャケットそのもの〟に意味がありました。

しかし、いまは主体はその持ち主にあります。「ジャケットを着る〝僕〟」が大事で、僕がどんなシーンでどんなふうにジャケットを着ているとカッコいいのかを気にします。

④判断――「自分の琴線に触れるか」という最終ハードル

このように、若者たちは、スマホで画像を中心に情報を探して、自分の感性に合った情報を見つけ出し、それに納得したり必要と判断したときにだけ、シミュレーション消費から抜け出し、「買う」のです。

「ある程度、自己満足の部分もあるかもしれないんですが、自分が行った場所や、食べたものを忘れないためにインスタにアップしておきます。逆に、『今日、お昼どこ行こっかな』っていうときにもインスタを参考にしたり。インスタの写真をクリックすると、フェイスブックのチェックイン機能みたいな感じでそこから広がっていくし、他の人が挙げているそのお店のインスタ見て、『こんなメニューもあったんだ』とか。インスタでいいなと思ったものは安心感あります」

「インスタで見つけたお店とか、行ける場所だったりすれば『じゃあ今度行ってみようかな』ってなりますし、行けない場所だったりしても、『こういう風なデートのしかたがあるんだな』と参考にして、自分なりに組み立ててみようっていうのはしますね」

若者にとっては、画像と同じくらい大切なのが、誰からの情報なのか、という情報ソースの価値です。その一例として、いかにもSNS世代らしい、こんなエピソードを聞いたことがあります。

「結構前なんですけど、ノースフェイスのシャカパン（ナイロン、ポリエステルなど化学繊維でできていて、着るとシャカシャカ音がするスポーツウェア）が欲しくって、悩んでるみたいなことをつぶやいたら、突然ビームスの人からアドバイスもらったんですよ。でもその人、最初、プライベートのアカウントから来たから、初めはビームスの人だとは知らなかったんですが、やりとりしているうちにスタッフさんなんだってわかったんです。いろいろ聞けて、納得できたので買っちゃいました」

ノースフェイスはアウトドア用品のブランドの名称、ビームスは衣料品や雑貨のセレクトショップ&ブランドです。要は、洋服好きな人がSNS上で純粋にアドバイスをしただけなのですが、アドバイスをしたのが実はビームスのスタッフだったというところがキモです。そのビームススタッフは、営業の一環としてやりとりしていたわけではありませんが、プロとしてのアドバイスがシャカパンを買いたがっていた男の子の参考になっただろうことは言うまでもありません。こういったリアルなやりとりが、SNS上では頻繁に繰り広げられています。

ちなみに、ビームスは、インスタグラムの公式アカウントを早い段階から導入した企業で、商品紹介を中心に投稿しています。多くのユーザーからの問い合わせにきめ細かに対応してくれることからSNS上でも人気と信頼と共感を勝ち得て、現在では一七万人ものフォロワーを集めているほどです。

つまり、若者たちは、信頼できるソースから、自分の気持ちや感性に合った情報を選びに選んだ後でなければ、買うか買わないかを考えることさえしません。結果、実際に商品を購入するまでのハードルはとても高くなっているのです。

「買わない理由がある」のではなく「買う理由がない」——シミュレーション消費の失敗例

マイナス情報だけでシミュレーションされる「日本酒」

ここからは、超シミュレーション消費に苦戦しているモノを見ていきたいと思います。超シミュレーション消費してもらうための戦略が、若者にだけうまく届いていないなと思うのが日本酒です。

日本酒に対するU26メンバーのイメージをまとめると、「そもそも飲んだことがないです」「悪酔いしそう」「飲んだことはあるけどおいしいと思わなかったから、それ以来飲んでいない」といったものです。

実際には彼らは日本酒を体験していなかったり、体験とは呼べないほどのわずかな体験しかしていません。なのに、若者たちの中ではマイナスのイメージによるシミュレーション消費がおこり、彼らからはそもそもスルー（無視）されているのが日本酒です。おそらく、平成男子は日本酒についてほとんど知らないので、「買わない理由があって買わない」のではなく、「買う理由がないから買わない」ということになります。

ところが、日本酒の売り上げは、海外では好調です。国税庁の発表によると、二〇一四年時点での日本酒（清酒）の輸出額は総額約一〇五億円、対前年比一一一・六％と、順調な伸びを示しています。

輸出国の上位五カ国（地域）は、アメリカ、香港、韓国、台湾、中国です。まだまだアメリカやアジア諸国が中心となっていますが、「ＳＡＫＥ」を世界に広めるため、国税庁もさまざまな取り組みをしています。在日外交官に対して日本酒セミナーを実施したり、主要国際空港での日本産酒類キャンペーンの後援などがそうです。財務省所轄の独立行政法人「酒類総合研究所」が作成した「日本酒ラベルの用語事典」は、英語版や中国語版、さらにはフランス語版やロシア語版など多くの翻訳版も用意し、ウェブで読めるようにしています。

海外では、アニメ、マンガ、日本食、日本文化と、さまざまなジャパンカルチャーブームが追い風となって、日本酒に対する関心も高まっています。ミシュランで星を稼ぐ実力を持った日本食レストランが世界各地に現れ、ニューヨーク一高いと言われるレストランが日本食レストランだったりします。ジャパニーズフードのハイレベルな躍進が著しく、人気が広がる舞台もグローバルに整ってきました。

お酒の魅力を、海外の消費者に伝えることはできたのに、なぜ、日本の若者にはうまく伝えることができないのでしょうか。

若者のお酒離れ、ひいては日本人全体のお酒離れという背景はあるにせよ、また、一度スルーされてしまった関心を取り戻すのは難しいということもあるにせよ、日本酒のイメージ自体が悪いループとなっている現状を、塗り替えようともしていません。

そのために、飲む人もますます減るわけですから、悪循環です。これでは、若者の日本酒に対するイメージはこの先もマイナスのままでしょうし、日本酒の未来は暗くなる一方ではないかと心配になります。

しかし、日本酒はワイン同様、吟醸酒や純米酒など、生産地や蔵元それぞれに歴史と物語があるお酒です。それを上手に活用し、スルーを食い止めた例をご紹介します。

〈国内で若者を巻き込み〉という見出しで「朝日新聞」が山形の産学連携の事例を紹介したことがありました（2016年6月29日）。

二〇一一年春、山形県南陽市で一二〇年続く「東《あずま》の麓《ふもと》酒造」という酒造が、「若い層に売れないと未来はない」と考え、若者に受ける派手なラベルのデザインを、酒蔵見学で来た東北芸術工科大学の教員たちに相談したそうです。

最初は、ラベルでアピールしても売れないだろうと思っていた教授陣ですが、買い手の心を動かす物語があればアピールできるかもしれないと思い至ります。学生たちと意見を交わすうち、コンセプトや商品名なども併せて、「若者が初めて口にする日本酒」と狙いを明確化しました。学生の意見から、コンビニでも手軽に買えること、飲み切りやすい小ぶりな三〇〇ミリリットル瓶にすること、価格も五〇〇円と抑えたことなど、若者に届くアプローチを考えたのです。

その結果、産学連携で開発された新酒は、発売二週間で一〇〇〇本が売れるヒットになりました。「山形エクセレントデザイン大賞」という賞にも輝いたそうです。これは、若者を巻き込むことによって、若者の選択項目に日本酒を加えることができた例です。

私が言いたいのは、決して、若者だけをターゲットにしろ、若い人と組んで何かをやれという話ではありません。ここから学ぶべきは、「若者からはどう見えるのだろう」と、彼らの目線に寄り添ってみるという意識です。若者はどうせ〝（お酒から）離れているんだから〟と切り捨てずに、食わず嫌いな状態から、まずは気にとめてもらえるようなメッセージを、組み立てていくことが大切ではないかと思います。

シンプルにモノの紹介だけするアマゾン、買って買っての宣伝がすごい楽天

アマゾンと楽天は、国内におけるECモールの2トップです。

経済産業省のまとめでは、二〇一五年、国内の電子商取引市場は一三兆八〇〇〇億円。五年前の二倍に成長し、全市場の五％を占めていると報告されています。

買い物全体の五％がECサイトで行われているとなれば、よりリアルショップの脅威となってくるでしょう。それでも生鮮食品のようなものはまだ近所のお店が有利ですが、本や映像などのコンテンツはますますインターネットを介しての売買が増えていくだろうと予想されます。

しかし、ECサイトを利用している層には多少違いが見られます。アマゾンでは若年層になるほど利用者が多く、楽天はシニア世代や主婦層が多いというデータがあります。

なぜアマゾンは若者ウケするのでしょうか。

アマゾンはあくまでモノに向き合い、情報も簡素にまとまっています。デザインも統一されているので見やすいです。過剰な宣伝はなく、それよって逆に、消費者自身で、購入したモノをどういうふうに使うかをイメージすることができます。

書籍のようなコンテンツの商材を多く扱うためには、それだけのスペースが必要です。取り扱い数ではもちろんアマゾンが断トツで、検索から手元にまで届くまでのスピードも圧倒的。オーダーの手間もほとんど感じません。どう考えても、日常のロジックで本を買ってもらうにはアマゾンが有利なのです。

検索だけでなく、レビューもレコメンドも揃っています。有料会員の「アマゾンプライム」に加入すれば、送料無料のほかに、映画やドラマを観たり音楽も聴けます。すぐに届くところも若い世代から歓迎されています。U26メンバーも「プライム超便利、やめられない」と、アマゾンのサービスにはとても満足しているようです。

一方、楽天はリアルショップに近いかもしれません。入ったお店で店員さんからわーっと商品説明を受けて、『買って！ 買って！ すごくいいから！』とゴリ押しされているようなページデザインです。かなりスクロールしていかないと、購入ボタンまでたどり着きません。

最近は、アマゾンでも一部ポイントが付くようになりましたが、やはりすべての商品がポイント対象となっている楽天のほうがずっと早く貯まります。ポイントは本当に得なのか、たびたびU26コミュニティでも議論になるのですが、平成男子は概して、ポイントに執着がありません。好きな子は貯めますが、いらないモノを買ってまで貯めるような無駄はしないのです。逆にシニア世代は、ポイントほしさに余計なモノまで買ってしまう消費傾向があります。

若い世代は、ほしいモノではなく、「必要なモノを買う」という言い方をします。いま満たされてるからであり、押しつけがましい〝お得感〟のアピールは、購入意欲をそぐだけです。

シミュレーション消費を生かして〝超シミュレーション消費〟させているのはアマゾン、それ以外のアドバンテージで勝負しているのは楽天ということになります。

第4章

若者が〝買ってくれる〟新しい売り方

――成功企業は「シミュレーション消費」をこう乗り越えた

「超シミュレーション消費」という若者を市場に呼び戻す新戦略

シミュレーション消費で終わるのか、購買につなげられるのか、その分かれ目になるのが、シミュレーションしてもその先にまだ何かありそうだというワクワク感を提供できるかです。

GUのようなファッションを通しての共感やつながり、コストコやドンキのようないい意味で無秩序な楽しさ、アマゾンのようなミニマムな情報と利用しやすさ、カッコよさの価値を加えてエコにも貢献しているニューズドプロジェクト。これらは、モノの向こうに、ココロを刺激する何かを用意しているブランドばかりです。

シミュレーション消費は、平成男子の堅実さの表れでもありますが、それは、彼らが確かな価値を真っ当に評価する目を持っていて、いいモノ、いいサービスであれば順当に消費が動く証だとも言えるのです。

お金がなくても好奇心さえあれば何でも知ることができ、それを所有したときの疑似体験までをかなりリアルに味わっているのが、現代の若者たちです。

買わなくても、持たなくても、幸せな彼らですが、シミュレーションしてみた結果、期待より面白くなさそうだから買わないと判断するのか、期待よりも満足度が高かったので買う方向に向かうのかは、企業が若い消費者たちへどうアプローチしているかとも関わっています。

「失敗したくない」が口グセの若者たちは、買い物で失敗することもイヤがります。最近は、日用品も洋服も安かろう悪かろうのひどい例がないので、失敗しようがないようにも思いますが、それでもなお彼らは慎重です。

手のひら（スマホ）から情報収集するのはもはや習い性です。一般的に、製品の機能や価格などスペックについては売り手側が多くの情報を持っていますが、最近ではワンランク、ツーランク上の情報を持っている消費者もいます。加えて、楽しみ方や想定外の使い方など製品の活用価値については、消費者側が情報強者になっていることもめずらしくありません。

とすれば、これまでのようなスペックだけの情報発信では、リアル店舗でもネット空間でも、売り場はただショールーム化されていってしまうでしょう。

その一方で、商品の魅力をうまく伝え、買わない若者たちに「自分たちの生活をもっと楽しく便利にしてくれそうだ」と消費のハードルを下げさせる戦略に成功した企業もあります。

ここからは、そうした「超シミュレーション消費」のための戦略を紹介していきます。

①リアルな生活のシーンを「シミュレーション」させる
――一般人のリアルなコーディネートを載せたGUのインスタグラム

「シミュレーション消費」によって、若い世代がモノを買わなくなったと言われますが、これまで見てきたように、買いたくなる理由がある場合や、シミュレーションしてみてその価値に納得すれば、買うのをためらわない一面があることもわかってきました。

しかし、「シミュレーション消費」で終わってしまいそうな状況を逆手に取り、若い世代に支持されて成長している企業やモノも出てきています。ここでは、「シミュレーション消費」を生かして躍進している例を紹介していこうと思います。

一つは、安価でありながらオシャレな「プチプラ」ファッションブランドのGUです。GUは、若い世代を中心に世界中に四億人のユーザーがいるというインスタグラムを活用し、ファッションに敏感なファッショニスタたちやそのファンたちに支持されるブランドに成長しました。

まず、モデルやGUスタッフ、人気ブロガーなどが、GUアイテムを取り入れてコーディネートし、それを着て撮った写真や動画をインスタグラムにハッシュタグ付きで投稿。ファッション雑誌のように演出されたものではなく、GUが提案するサービス上で、日常生活のワンシーンとしてリアルに切り取られたおしゃれが、共感を集めたのです。

しかも、そのサービスに、ファッションが好きな一般ユーザーも参加できるように開放したのが大きな波を引き寄せました。GUのアプリや、「ジーユー　マニア（GU-MANIA）」という公式コミュニティでは、誰でも自慢のコーディネートを投稿することができます。つまり、一般のGUファンによるコーディネートも、憧れのファッショニスタたちと同じウェブ空間で紹介される可能性があるのです。

それはまるで、ウェブ上にリアルなファッションカタログを作り上げたようなものです。ユーザーが「いいね」を押したりコメントをつけたりシェアしたりするうちに、情報は拡散され、それによって自分の世界観を共有できるユーザーたちとリアルタイムでつながっていきます。

定番から最新トレンドまでを網羅していること。GUオンリーで揃えるのではなく、いわゆるハイブランドや他のプチプラブランドと組み合わせて着ていること。さまざまなコーディネートは、いい意味で生活感があってリアルです。それによってGUは、「自分ならどう着よう」「こんなコーディネートで、あの場所へ出かけてみよう」と、シミュレーションのその先の生活のシーンをイメージさせることに成功。勝機は、商品そのものを見せることより、人を介して商品をより魅力的に見せることにありました。

各画像にカーソルを合わせると、モデルたちが着ているアイテムの商品情報がわかるしくみになっていて、ECサイトに移行して購入することもできます。いまや、全体の売り上げの二割がスマホからだとも聞いています。

ユーザーにとってはそうしたさまざまな楽しみが、企業にとってはファンたちとの距離を縮めて身近な存在として認知されるメリットが、あります。

服のコーディネート画像をウェブ上で見るということは、どんなシーンで、どんなテーマで着るとおしゃれなのかも、一目瞭然です。「シミュレーション消費」されて終わってしまっても不思議はないのに、GUはそこに「世界観を共有する楽しさ」を持ち込み、買ってもらう流れを作りました。

企業のマーケティング担当者は、ただ広く拡散すれば話題になると考えているフシもありますが、ゆとり世代は、そのように意図的に〝つくられた〟もの、〝仕掛けられた〟ものをむしろ敬遠します。リアルを装っても、しょせんは演出が透けて見える画像を、何の物語性も背景もなしにSNSにアップしても、若者たちの心には響きません。

もちろん、やみくもにリアルなシーンを載せればいいというわけでもないことを、誤解がないように申し添えておきます。

平成男子のよく言うことに「それって、誰の情報ですか？」があるのですが、彼らは、情報の出どころをとても気にしているからです。彼らが信頼するのは、タイムラインでその人となりが見えていて、親近感を持っている相手からの情報です。投稿された画像から「あの人、こんなところに行ったんだ。こんなモノを買ったんだ」というのを知り、自分自身の消費もその流れに乗っていくのです。

そういう意味で、SNSでのシェアをコントロールしようとするのはとても難しいことです。一方、GUでは、「いいモノさえ作れば、放っておいてもひとりでに拡散します」

と考えて事業に取り組んでいます。

翻って言えば、本当にいいモノしか売れないわけで、そのよさをどう消費者に伝えるかがひとつのカギと言えそうです。

②「シミュレーション」を超えるクオリティや体験を提示する——見たことのない売り場をつくるコストコ、ドン・キホーテ

なくても生活できるけれど「面白い」モノが買えると、若い男の子たちに人気なのが、コストコやドン・キホーテです。

ムダなモノは買わない主義の平成男子。ムダ遣いを嫌いますが、衝動買いはします。では、若者たちは何を求めて衝動買いをするのでしょうか。

コストコが大好きで、コストコではかなり散財するというU26コミュニティメンバーのリョウは、こう言います。

「うちにはクルマがないんですけど、近くのじいちゃんちにあるので、借りて『このまま返すのもなあ』と思ったときは、『よし、このままコストコ行っちゃえ』とかいうノリで。

足があれば、特に何を買うという目的がなくても行きます。コストコって大人版のヴィレヴァン（ヴィレッジヴァンガード）みたい。あの空間に足を踏み入れると、テンションが上がりますもん。ドンキ（ドン・キホーテ）も行きますよ。コストコと一緒で、知らないモノがいっぱいあるのが楽しいです。飲み会の帰りとかにみんなでドンキに寄って、店内をうろうろ回りながら訳のわからないモノを買ってしまったりって、よくあります。逆に、社会人になって、ヴィレヴァンに行かなくなりました。なんか雰囲気が若いし、女子高生とかいるから。僕はスーツなので」

カオスのような場所で、想定外のモノとの出会いを面白がってもらう。これも「シミュレーション消費」を生かした例です。そういう状況下でとっさに「ほしい」と気持ちが動いたモノを買う衝動買いは、彼らの中ではムダ遣いに分類されません。

若者たちは、選べば選ぶほど、そのモノを買う理由が明確に見えないと、買わなくなっていく傾向があります。ほんの一〇年ほど前まで、インターネットにはほとんど画像はありませんでしたし、テキスト形式で検索した情報は、実物を目で確かめなければ、イメージしたモノとズレていたこともありました。

しかし、何でも画像で検索できるようになったいまは、使用感までシミュレーションできるので、買わなくてもある程度、そのモノが自分の生活とどう関わるかがわかるようになっています。ですから、飽きのこない、シンプルで安定感のあるモノが優位なのですが、シミュレーション消費では味わえない体験があったとき、若者の購買欲は刺激され、衝動買いに転じます。

ドンキの成功は、インバウンドの影響も大きいと思うのですが、大学生たちはコストコよりドンキが好きなようです。圧倒的な商品の数とバラエティー。それが空間すべてを埋め尽くすほど積み上げられ、アミューズメントパークのようなにぎやかさです。

コストコは、もう少し大人の二〇代半ばくらいの世代に支持されている場所で、一般の大型スーパーとは一線を画す品揃えになっています。国内スーパーでは見ない海外ブランドのめずらしい商品や、日本では考えられないほどビッグサイズの商品は見ているだけで楽しくなります。ハロウィンやクリスマスなどシーズナルなイベントシーズンが近づけば、それを盛り上げる商品を幅広く揃えます。何度出かけていっても発見があるというのが、コストコの魅力かもしれません。

そもそもスマホ世代は、自分が好きな世界、趣味の世界にお金も時間も費やす世代なので、企業側が取り立てて宣伝しなくても、自らリサーチして買ってくれます。一方で、そんなに欲しいかどうか意識されない物を、買わない世代に買ってもらうために、シミュレーション消費という壁を乗り越えるためのステップボードが必要なのです。

③「シミュレーション」自体をマネタイズする——「買う」よりも「シェア」を重視するワケ

かつて、マイカーは、もっと生活に密着した必需品でした。日常の足でもあり、憧れの大人のしるしでもあり、若者も自分のクルマを所有することを目標にしていました。

しかし近年では、若者のクルマ離れがはっきり進んでいます。免許取得率も下降傾向にあり、ローンを組んでまでマイカーを持とうとする購買意欲も下がっています。

とりわけ都市部では、電車や地下鉄、バスなど公共の交通インフラが整っているので、クルマがなければ困るというわけではありません。税金や保険料、駐車場代などは、乗っても乗らなくてもかかるので、クルマを持つことは経済的な負担にもなります。

家庭や子どもがあるならまだしも、シングルの平成男子であれば、クルマを持つ必要性を感じることも、持ちたいと考えることもほとんどないようです。

ところが、そうしてクルマ離れしているはずの二〇代、三〇代の若い層が、積極的に利用しているのが「カーシェアリング」です。

カーシェアリングの事業には必ず「駐車場」「会員」「クルマ」という三つの資源が必要です。会員数を増やし、駐車場とクルマとをうまく回転させるまでにはどうしても時間がかかるため、トヨタやホンダなどの自動車メーカー、大手不動産会社など、さまざまな企業が三〇社ほどこの事業に参入していますが、多くのカーシェアリングサービスは苦戦を強いられています。

そんな中、カーシェアリング事業で唯一成功しているのが「タイムズカープラス」です。「タイムズカープラス」を運営しているのは「パーク２４」。サービススタートからわずか五年で黒字化を達成しました。

しかも、「タイムズカープラス」利用者の約五割が、一〇代から三〇代です。二〇歳未満と二〇代で二割以上を占めています。これまでクルマにあまり縁がなかったゆとり世代、さとり世代を取り込み、「タイムズカープラス」のカーシェアリングはヒットしました。

実は、競合他社と料金やサービス内容にそれほど大きな違いはありません。にもかかわらず、「タイムズカープラス」だけが事業を軌道に乗せることができたのはなぜなのでしょうか。

その背景にあったのは、シミュレーション消費で終わりがちな若者に、クルマと接することができるリアルな体験の場を設け、クルマに乗る楽しさや喜びを伝えるという戦略です。

ここ何年も、マーケティング手法として多かったのは、スペックや機能にフォーカスしてその商品がどうすごいのかを強調していくことでした。クルマであれば、どれだけ燃費がいいか、どれだけ自動運転や安全装置の能力が高いか、どれだけ車内が広くて快適かという部分を訴えてきました。しかし、そういった競争はほぼ限界に来ていますし、消費者もそれではあまり違いを実感できません。

原点に立ち戻って考えてみれば、メーカー自身がずっと積極的に伝えてきたのは、クルマの本来的な価値、すなわち運転する楽しさや高揚感でした。とするなら、もっとその本質的な魅力を、消費者に訴えかけるべきではなかったのかと思うのです。

クルマのCMでは、海外の美しい風景の中を滑らかに走ったり、キレイな街並みの中で小回りが利く様子を見せたり、イメージ先行なスタイルをよく見かけます。しかし、それは実際にクルマに乗ったときの、「ああ、車っていいいな」と体感させるまでには至っていません。いちばん大切なメッセージを伝えきれてはいないのです。

クルマが必需品の地方と都心とでは状況が違うので、都心を中心に考察しますが、「タイムズカープラス」は、まず、車に接する場を多く提供し、敷居を低くしました。

「パーク２４」は、時間貸し駐車場とカーシェアリングの事業会社「タイムズ」を有し、カーシェアリングの貸出場所であるカーステーションを、都市部を中心に約八〇〇〇カ所持っています。アクセスしやすく、使いたいときに近場で簡単に借りられる気軽さがアドバンテージとなり、都市部の若者を、実際にクルマに乗せるところまで誘導することができました。

さらに、一度乗ってみれば、これまでシミュレーション消費していたクルマが、未知のリアルな体験として記憶されます。さまざまなメーカーのクルマを乗り比べることもできますし、憧れの高級車も運転できるなど、体験の幅も広がります。

先のＧＵも、「スマホでおしゃれのシミュレーションができるよう敷居を低くして、ブランドと接する場を増やす」、かつ「安くても手を抜いてない品質のよさを実感してもらう」という二段構えでシミュレーション消費を超える価値をつけた例ですが、「タイムズカープラス」もまた、スマホの先にあるリアルな体験へと、消費者をつなげたことが勝因なのだろうと思います。

二〇一五年にタイムズ24株式会社が、「タイムズカープラス」の会員及びカーシェアリング未利用者を対象に、「カーシェアリングに関するアンケート」を実施したことがあります。

このアンケートで、カーシェアリングの利用者がどこに満足しているかと言えば、実は「短時間から利用できるので、ちょっとした用事にも使える」「いろいろな車種の車を使うことができる」という、クルマに乗る身近な楽しさをメリットとして挙げている人が案外多いことがわかります。

一方、もっとも満足できる点として、インターネットやスマホなどから簡単に借りられる便利さを挙げているのは、さすがスマホ世代だなと納得できます。

このように、若者にクルマに乗る楽しさを教えたのが、「タイムズカープラス」です。単に便利さだけで利用してもらうのではなく、「便利を超えた」体験を提供したのです。

若者はなぜレンタカーではなくカーシェアリングを支持するのか？

日本のカーシェアリングサービスは二〇〇二年にスタートしています。しかし急激に発達してきたのは、この二、三年ほどです。

交通エコロジー・モビリティ財団の調査によれば、二〇一六年三月で、カーシェアリングの車両台数は約一二万台、会員数は約八四万人。六年前の二〇一〇年と比較すると、車両台数で約八倍、会員数は約四〇倍もの伸びを示しています。日本のカーシェアリング普及率は、いまや人口比で世界の上位に食い込むほどになっています。

カーシェアリングは、一見レンタカーと似たようなサービスですが、システムにはかなり違いがあります。

レンタカーは、ご存じのように、店舗営業時間内に受け渡しをする必要があり、貸し出しの手続きの手間もあります。車種のクラスで料金は変わりますし、最初に利用時間を決めてしまうと、予定時間より早めに返却しても中途返却手数料などがかかったり、返金されない場合もあります。

一方、カーシェアリングは手続きが格段に簡単です。スマホやパソコンから簡単に手続きができ、二四時間使いたいときに借りることができます。「タイムズカープラス」の場合、ガソリン代込みで一五分二〇六円からという料金体系です。月額基本料が一〇三〇円かかりますが、同時に無料利用サービスが同額分つくので、実質利用に際しての負担は相殺されます。利用時間に応じて支払えばいいことや、直前のキャンセルも一分前までキャンセル料金が発生しないこと、パック料金で借りれば、ＢＭＷやＭＩＮＩなどプレミアムクラスの車種でもベーシッククラスと料金が同じという点はカーシェアのメリットです。

実は、カーシェアリングは性善説に基づくビジネスです。レンタカーを借りたことがある人は、返却時に車内の汚れ具合や傷がないかなどかなり細かなチェックまで受けた経験があると思いますが、カーシェアリングでは、そういった点はある程度信用して運営されているのです。

駐車場の定位置に無防備に置かれている「みんなのためのクルマ」を、利用者はキレイに気持ちよくという意識で使います。ガソリンが減ってきたときに、車内に設置してある給油カードを使ってガソリンスタンドで給油すると、一五分の割引サービスが受けられます（※パック料金のときは適用外）。ガソリンスタンドで水洗い洗車したときも、フリーダイヤルでセンターに連絡すれば、同じサービスが加算されます。こうしたシステムによって、無人サービスにもかかわらず、利用者が常に快適にクルマを利用できる状況が整うことになります。

これは、カーシェアリングは比較的若い利用者が多いので、成り立つルールなのかもしれません。ゆとり世代はマナーがよく、マジメです。個人差もあるでしょうが、公共心も高いです。

いまある資産（クルマ）をみんなで大切に使うシェア＝共有というメンタリティが、現代の若者の肌感覚にマッチしからだとも言えそうです。

ちなみに、「タイムズカープラス」のクルマには、かなり目立つステッカーがついています。バブル期にはあった、「わ」ナンバーのクルマはカッコ悪いという空気を、いまの若い世代はまったく気にしません。カーシェアリングの使い勝手のよさやリーズナブルさを認めているので、「わ」ナンバーはもちろん、それ以上に目立つステッカーもなんのその、という印象です。それくらい、若い世代は堅実です。年長者たちが作ってきた負債をうまくかわしつつ、自分たちの生活を確立していこうという意識を感じます。

④暮らしの中で「シミュレーション」させる
——カーシェアリングは最高の「広告」

前述した「カーシェアリングに関するアンケート」を再び見てみましょう。

その調査結果では、カーシェアリング利用者のうち一八歳から二四歳の若年層で、クルマに対する意識が、利用前と利用後とでは、はっきりとした変化が起こっていました。

「タイムズカープラスを利用し始めて、クルマへの興味はどう変わりましたか？」という質問には、一八歳から二四歳の実に七四％が「以前より興味を持つようになった」と回答しています。

また、「将来的にクルマを購入したいと思った事がありますか？」という質問に、「カーシェアリングを始めてから、自分のクルマが欲しいと思うようになった」と答えた一八歳から二四歳は三六％もいました。

つまり、クルマに触れる機会が生まれたことで、若い世代では特に、クルマの保有意欲が高まるようなのです。

使ってみようと思ったきっかけは、買い物時の移動やちょっとした用事を済ませるくらいだったでしょう。ところが、使ってみたら「ラクだ、便利だ、楽しい」という実感があり、「こういうときも使えるかも？」と脳内のシミュレーション、さらには、体験のシミュレーションが重なっていったのだと思います。

では、なぜカーシェアリングによって、クルマが売れるようになるのでしょうか。

「パーク24」のモビリティ研究所の研究員と話をしたときに、「デパ地下の試食と同じ感覚ですよね。食べ比べてみたら、乗り比べてみたら、よさがわかった。いちばん気に入ったものなら欲しいと思うのは当然です。言ってみれば、スマホ上だけの情報のシミュレーション消費ではなくて、実生活でのリアルなシミュレーションによって、クルマは単に生活を便利にするものではなく、生活を豊かにするものだと感じてもらえたからではないでしょうか」

と分析してくれました。

確かに、トヨタにしろニッサンにしろマツダにしろ、ショールームに行けば、その会社のクルマしかありません。他社のクルマを乗り比べるには、各ディーラーのショールームまでいちいち足を運ばなくてはいけないのは面倒です。

その点、「タイムズカープラス」なら、近所で手軽に乗り比べができます。「タイムズカープラス」では、一つの駐車場にできるだけ違う車種を並べているそうです。当然、ノートのような一般車と、ＢＭＷのような欧州車だったら、乗ってみれば誰でもさまざまな違いを感じるでしょう。

しかも、ショールームでは止まった車の乗り心地をチェックするだけですが、カーシェアリングなら公道を走り、リアルな乗り心地が試せるのです。リアルな生活シーンで、クルマの活用価値が実感できれば、実際の購買行動へつながることは十分あり得ます。

実はあるカーステーションにBMWを置いたら、その近くのBMWディーラーへの来客数が増え、販売台数も増えたというエピソードを聞きました。これが成功事例として認められ、いくつかの自動車メーカーは、新車が出ると試乗車として「タイムズカープラス」のカーステーションに置きたがるようになってきたそうなのです。

ショールームは、セールスの場という雰囲気ですから、ちょっと乗りたいだけの人には敷居が高いでしょう。ところが「タイムズカープラス」なら、乗ることを前提に借りるわけですから、自由に試せますし、買う買わないを決めなくてはいけないプレッシャーはありません。乗ってもらって、もし「このクルマ、いいいな」と思ってもらえたら、それは販促の一ステップになります。

サービス向上のために、「タイムズカープラス」では、会員が退会手続きをする際、その理由を尋ねていますが、二割くらいが、「クルマを買うから・買ったから（借りる必要がなくなった）」と答えるそうです。

つまり、アプローチのしかた次第で、若者もクルマ市場の顧客になり得ることがわかってきたわけです。若者のクルマ離れというのは、もしかしたら、上の世代の勝手な思い込みなのかもしれません。

カーシェア事業は、どうしてもエコノミー理論で進めがちです。エコの経済性や利便性に気を取られます。もちろんその考え方も大事ですが、「借りる」から「買う」方向へ結びつける方法もあったわけです。

成熟した市場において、モノは常に溢れています。それをどう活用していくかが、これからの経済を変えていくことは間違いないですが、その変化をどこから学ぶのかと考えたとき、現代の若者の感覚も大きな判断材料になるはずです。

カーシェアリングビジネスは、シミュレーション消費から、リアルな体験へとつなぐ優れたビジネススタイルです。しかも、クルマの魅力に目覚めた人たちに、〝本当にクルマを買ってもらう〟ところにまでつないでいます。まさに超シミュレーション消費の、最高のサンプルだと思います。

「使い方」を制限しないことで、本当の「使い心地」を体感してもらえる

「タイムズカープラス」の基本姿勢は、「活用してもらうことがビジネスになるので、どう活用していただいても構いません。ただ、みんなが気持ちよく乗れるようにしたいから、こういう制度を作りました」です。

安全運転意識も、次の人も自分も気持ちよく乗るためにキレイに使うのも、マナーとして考えたことで、規則ではありません、という打ち出し方をしています。新しい何かを始めるときは、どうしても企業が「どう管理するか」に目が向きがちですが、本当はユーザー目線で「自主的に行動してもらうため」だけでいいのかもしれません。

「タイムズカープラス」では、「カーシェア利用シチュエーション投稿コンテスト」という、利用法のアイデアを送ってもらうコンテストを不定期に実施しています。

すると、企業側の想像を超えるさまざまな使い方をしていることがわかりました。

一例を挙げれば、各種「ナイトパック」のユニークな使い方です。

「ナイトパック」には、早めの夕方六時から深夜一二時まで利用するアーリーナイトパック、深夜一二時から翌朝九時まで利用できるレイトナイトパック、夕方六時から翌朝九時まで一五時間使えるダブルナイトパックがあります。

もともとは、利用者の減る時間帯にも使ってもらおうという思惑から生まれたパックメニューですが、実際はユーザー自身が、かなりアイデアにあふれた使い方をしていました。

会社帰りにダブルナイトパックを利用して近くの温泉施設に行き、温泉を楽しんで翌朝出社というプチレジャーを楽しんだビジネスマンがいました。他にも、子どもの夜泣きがひどいので、シェアカーの中で思う存分泣かせる新米お母さん、夫婦ゲンカの逃避用としてドライブする奥さまなど、「その手があったか！」のオンパレードです。

考えてみれば、車内というのは極めて快適なプライベート空間です。サウナやカプセルホテルは人の気配やいびきなどで眠れない、うるさくてイライラするということもあるでしょうが、クルマの中は静かです。

そのほか、営業電話をかけたいビジネスマンは他人に会話を聞かれる心配がないとクルマにこもっていますし、一人カラオケを中で楽しむ人もいます。移動手段としてだけではなく、空間としての活用も案外多いことがわかりました。レンタカーを借りて〝移動しない〟使い方をすることはまずないでしょうが、カーシェアリングはまさにセカンドハウスとしても使え、クルマとの新しいつき合い方を広げています。

「タイムズカープラス」では、カーステーションによって置いてあるクルマが違うので、ちょっと変わった車種があるところには、仲間と一緒に乗りに行ったりする若者がいます。

全車種コンプリート！　みたいなゲーム感覚で楽しむようです。U26メンバーにも、高級外車などにわざわざ乗りに行くと言っていた子がいました。若者にとって、カーシェアリングは一種のレジャー化しつつあります。

心温まるエピソードでは、カーシェアリングでいろいろなクルマに乗ることを、子どもが喜ぶという家族がいました。「今日はパパ、クルマ何色？」と、クルマの色が変わることが、子どもにとっては楽しいイベントになります。子どもがうれしそうな顔をするので、自分も幸せだとお父さんはコメントしていました。

単にクルマを借りる以上の価値を生んでいることがよくわかります。

また、「パーク24」では、現在、さまざまな実証実験を企画し、進めています。多くの人が利用する敷地内に自由に使えるクルマを置いておくと、人々はどう活用するのかを見るというのもそのひとつです。前述のように、クルマの中で寝る、レポートを書くといった以外のアイデアが出てくることに期待して、使い方は限定せず、できるだけ柔軟に利用してほしいというのが企画の意図です。

二〇一四年には、京都・八幡市のUR都市機構男山団地中央センター内「だんだんテラス」にて、カーシェアリングによる社会実験を行いました。「タイムズカープラス」のクルマを団地内の駐車場に置き、カーシェアすることで駐車台数が減少し、駐車場など空間の他の利活用を目指したものです。

このUR賃貸住宅の実験では、駐在する学生がカーシェアリングの利用に対する補助を行っていました、実験に協力した大学生たちが、その賃貸住宅に住む高齢者や運転ができない人たちのために予約や運転の代行を引き受けてあげることが自然に起き、若者と高齢者との交流が生まれたそうです。ルールを作らなくても、人が行き来する場にクルマがあれば、自然発生的に豊かなルールができてきます。

この「タイムズカープラス」が実践するような、「運営サイドではこう使えというルールは設けません」というルールを設けないルール、自由な活用を後押しするルールは、「超シミュレーション消費」の一つのキーになっていくだろうと確信しています。

⑤「シミュレーション消費」を超える価値を伝える
――売り場を「リアルなSNS」に変えたヴィレッジヴァンガード

「遊べる本屋」、ヴィレッジヴァンガードとは

書店調査会社のアルメディアによると、全国の書店数は二〇一四年の時点で約一万三四〇〇店。一五年ほどの間に、約八〇〇〇から八五〇〇店が減少したというデータがあります。二〇一六年の二月に、首都圏に一〇店舗を構えていた「芳林堂書店」が自己破産を申請（現在は書泉が業務を引き継いで営業）。同年七月に、「紀伊国屋書店新宿南店」は売り場を大幅に縮小。これは事実上の撤退を意味します。出版業界や書店業界を取り巻く環境は、年々厳しさを増しています。

そんな中、「遊べる本屋」をコンセプトに、グループ全体で現在約五五〇店舗を展開する進化形の書店があります。「ヴィレッジヴァンガード」です。創業は一九九六年ですから、二〇年ほどで驚くべき成長を遂げた怪物企業だと言えます。

〝新しい書店〟として以前から注目されていましたが、実は、シュミレーション消費世代の若者たちに買ってもらうための多くのヒントも与えてくれるのです。

ファンは「ヴィレヴァン」「ヴィレッジ」などと愛称で呼びます。そうしたファンにならい、以後、ヴィレヴァンと表記していきますが、ヴィレヴァンは、活字離れが懸念され

るゆとり世代やさとり世代の若者たちが、むしろ足繁く通う特別な場所なのです。

U26メンバーにもファンが多く、

「中学のときに西葛西で見つけて入ったのが最初です。毎回、違うモノが見つかって、つい買ってしまいます」

とナオヒコは言いますし、ジュンヤはこう言います。

「本屋って書いてあるけど、（ヴィレヴァンは）何でも揃ってるし。置いてあるもの、すべて面白くないすか？　ヴィレヴァンで見つけると、同じモノでも違って見えます。何時間でもいられます」

行ったことがある方はご存じだと思いますが、本屋といっても一歩その店内に踏み込めば、あまりに斬新な空間になっています。店内には、ユニークな雑貨や、マニアの心をくすぐる本やCD、DVDなどがテーマでくくられてあちらこちらに配置され、心地よいゴチャゴチャ感にあふれています。

商品と並んで目を引くのは、黄色いポップ用紙に書かれた独特のキャッチコピー。そうした手書きのポップが、店の入口から奥までベタベタと貼られています。スタッフのオリジナルだというこれらのポップは、ヴィレヴァンの名物です。

最初に示した通り、全体としては縮小している書店業界において、なぜヴィレヴァンは、躍進し続けられる魅力的な店づくりに成功したのでしょうか。ここからは「株式会社ヴィレッジヴァンガードコーポレーション　マーケティング本部プロモーションプランニング部」部長の立山龍廣さんにうかがったお話をご紹介しましょう。

セレクトを担う店長やスタッフ自身が、ペルソナマーケティングのターゲット

ヴィレヴァンで何と言っても特徴的なのは、棚の作り方です。一般的な書店では、書籍は新刊をまとめた平台があったり、出版社ごと、あるいは作家ごとなどで棚が分けられ、分類されていることが多いですが、ヴィレヴァンには、そうした整然さはありません。

ヴィレヴァンのように、本と一緒にCDや雑貨も扱っているお店は他にもあるのですが、その場合も大抵は、本は本のコーナーに、雑貨は雑貨のコーナーにと仕分けられています。ところがヴィレヴァンでは、右ナナメ上を行く〝関連〟で並べられているのです。

「創業者で代表取締役会長の菊地（敬一）が作り出した独特の陳列法に準じていて、それが特色にもなっているのですが、まず自分が売りたい本やお客さまに知ってほしい本を決めます。そこから連想ゲームのように選んでいくんです。『こういう本が好きな人なら、

こういう音楽を聴くだろう、だったらこんなお菓子も好きかもな』とイメージを膨らませて本の周辺に置いていくんですね。お客さまのペルソナ――どういうライフスタイルで、どういう家に住んでいて、どういう趣味嗜好があって――ということが、棚を作る店のスタッフに見えているので、お客さまに刺さりやすいのかなと思います」

ペルソナというと、マーケティング施策のように聞こえますが、ヴィレヴァンで意識しているペルソナは、あやふやな人物ゾーンを指すのではありません。セレクトした商品への訴求力が強い、具体的なイメージを対象にしています。

「お客さまのペルソナと言っても、実は、ターゲットにしているのは自分なんですよね。弊社の店長やスタッフが一〇〇％自分好みの売場を作ることによって、むしろお客さまが『なんで自分のことがわかってもらえるんだろう』と思うような強い共感ポイントが生まれます。それを踏まえた上でお店全体も作り上げていくと、逆に、店側の趣味にとことんつき合ってくださるお客さまにご来店いただけるようになり、結果としてそれぞれの個性が際立った店舗になっていくのだろうと考えています」

個性のある店には違いありませんが、ヴィレヴァンは新刊書店なので、扱っているのはオンラインでどこでも買える商品です。にもかかわらず、シミュレーション消費で終わらせず、実際の消費、すなわち「超シミュレーション消費」につなげられています。

その強さの理由を、立山さんは、どの店舗もワン・アンド・オンリーの空間を提供していることにあると説明します。

「お店のディスプレーが目まぐるしいほどのサイクルで変化するんです。店舗ごとに多少違いますが、お店の入り口だけなら週に一度、全体も一カ月くらいで総入れ替えしてしまうくらい、新陳代謝の早い見せ方をしていますね。下北沢のようなフラッグシップショップならなおのこと、お客さまの方がその変化を楽しみにしてくださっているかもしれません。インターネットで見ると特別感はない商品でも、〝面白い空間込み〟で見ると、ワクワクする感じがあったりしませんか。ディズニーランドと同じですよね、実際に面白そうなものが目の前にあると『買わなきゃ』という気持ちになるというか。その商品単体での魅力を、エントランス、仕掛け、接客などを通してどう伝えるかをいつも考えています。というのも、うちは何か目当てがあって来てくださるお客さまより、時間潰しや、待ち合わせついでに無目的に入ってこられるお客さまが多いんです。ムダ遣いといえばそうなんですが、いい意味で『こんなヘンな本を見つけちゃった、買っちゃった』という興奮を楽しんでもらいたいと思うんです」

アンチ・チェーンオペレーションゆえの強みとは

多店舗展開している組織にありがちなのが、こんな店舗レイアウトにしましょう、こんな商品を売りましょうという「チェーンオペレーション」です。

取り扱う商品の仕入れや、プロモーション、売場展開などを本部が一括管理するチェーンオペレーションには、わかりやすいメリットがあります。経営側にすれば、在庫管理がしやすく、広告費や大量仕入れにより仕入れ値を安く抑えられます。顧客にすれば、標準化、マニュアル化が進んで全国どこででも同じモノやサービスが手に入ることや、経営側のコスト減による値下げのメリットを受けられることなどがそうでしょう。

ところが、ヴィレヴァンは、その真逆の経営をしているのです。菊地会長も「ITmediaエグゼクティブ」というウェブ記事で、アンチ・チェーンオペレーション経営について熱く語っていました。立山さんいわく、「チェーンオペレーションしてるのは、包装用の袋くらい」だそうです。

チェーンオペレーションをしない代わりに、店舗運営のカギになるのが〝人財〟です。お店ごとのカラーを創るには、それぞれの店舗が経営の責任を担っていかなくてはいけません。

下北沢店なら演劇志向、渋谷界隈の店舗なら流行に敏感、大型のショッピングセンター内ならお子さんやティーンを含む家族のニーズをキャッチできる等々、それぞれのお店に合うアンテナを持った店長を配置し、コアなファンがお店に集まる仕組みを固めています。

ヴィレヴァンでは、こうした現場レベルで、カルチャーに敏感な若い力がうまく生かされているなと思うのです。

「一応、新卒採用もやっているんですが、ほとんどはアルバイトからスタートして、のちに社員になっているメンバーなんです。ただ、統一されたスタッフ教育システムなどもないので、だいたいどの社員も、悪いところは直らず、いいところだけグン伸びすることになりますが（笑）。上の人たちには、アルバイト時代から長年その人を見ていくので、『彼（彼女）はこういう人だよね、〇〇の分野が得意だよね、△△の情報感度がいいよね』というパーソナリティがなんとなくつかめているんでしょう。店長がいて、エリアマネジャーがいて、ブロックマネジャーがいて、経営陣がいてと小売の組織としての型は同じなんですが、人事もどこかアナログなんですよね」

ちなみに、こうした小売業にはつきものの、ＰＯＳシステムが導入されたのは三、四年前。

それまでは、どこに何が置いてあるかや仕入れの数量などは担当スタッフが目で拾い、脳内で在庫コントロールしていたそうなので、驚きです。

しかも、POSによって、A店、B店、C店でどんなモノが売れているのかは本部の方で把握できるようになったのですが、そうした情報は極力、店舗には流さないようにし、「いまA店とB店でこれが売れているから、C店も入れてみたら？」といったアドバイスなども一切しないとのこと。また、店長同士は個人的には仲が良くても、何が売れているといった情報共有もないと言います。

つまり、ヴィレヴァンの各店舗は、コーポレーションを支える共同体でありながら、あくまでライバル店同士という個人商店のノリでいるのです。

「売り上げに対するモチベーションは、社員だけでなく、アルバイトでも高いですよ。うちは権限委譲の部分が大きくて、アルバイトでも仕入れの商談までします。独りよがりな仕入れをしていると、売れなくて任されなくなる。任されたいので、自慰的なセレクトで満足せず、お客さま目線で感覚を磨いていく。自分基準は大切にしながら、徐々にお客さまの嗜好へも寄っていってミックスセンスなセレクトができるようになっていくんです」

立山さんも、ヴィレヴァン社歴はアルバイトからスタート。転勤が多い企業だそうで、立山さんは現職に就くまでの一三年間で、柏、水戸、名古屋、佐賀、広島、松本、渋谷、さらには台湾、香港、アウトレット事業部を経験したそうです。

「台湾や香港への出店に際しては、ン千万単位の通帳と実印を渡されて『店作ってきて』と、言葉の壁なども考慮されず、笑顔で送り出されました（笑）。でも、それがヴィレヴァンの血というか。社員ひとりひとりが経営者、というモチベーションで業務に向き合っています」

ヴィレヴァンのDNAともいえるポップは、アナログ版SNS

ポップは、いまや書店やCDショップには欠かせない販促ツールです。ポップだけで売れるわけではないでしょうが、書店員さんやCDショップスタッフさんといったいわば目利きが、ポップで後押ししてくれるのは安心材料です。ポップのひと押しで買うこともあるだろうと思います。

はがきサイズくらいの紙に書かれた文章やイラストには、それを勧める店員さんたちの思いが込められているはずですが、シミュレーション消費と超シミュレーション消費のどちらに転ぶかを常に意識している一〇代、二〇代は、そのポップがどれくらいの熱を込めて書かれたものかまで見抜いているような気がします。

本であれば、ただ単純に「面白いです」「売れています」とＰＲされても、簡単な内容紹介であおられても、シミュレーション消費で満足してしまう一〇代、二〇代は、ほとんど反射的にスルーしてしまうでしょう。

アマゾンなどネット書店における、レビュー的な役割を果たすのがポップです。とするなら、その商品が「気になる」ように、どう気持ちを向けさせるかがキモになりますが、大型書店では、あまり個性を出してはいけないのか、品のいい、オーソドックスなポップが多く見られます。あくまで私の憶測ですが、その点、ヴィレヴァンのポップは、一筋縄ではいかない感じがあります。選者の「個」を前面に出して、商品をプレゼンテーションしているからです。

ともすれば、ポップに、悪ふざけに見えるようなブラックジョーク的推薦の弁が書かれていることもあるのですが、独特の陳列の中で見ると味があり、好感や共感が高まります。自分がよく行くヴィレヴァンであれば、そのポップを書いた店員さんの顔が浮かぶかもしれません。

つまり、ヴィレヴァンのポップには、他店では得られない発見の面白さだけでなく、商品を介した、顧客と店員とのコミュニケーションツールになっているように思うのです。

立山さんもうなずいてくれました。

「うちのポップは確かに、レビューに大喜利を混ぜたようなものが多いですね。自分が選んで仕入れたものを面白がって買ってもらえたら、それはお客さまとのコミュニケーションが売買で成立したわけですから、単純に楽しいです」

ヴィレヴァンでは店員さんたちはみんな売っているモノに愛を持っていて、ポップもSNS感覚でその商品の魅力をつぶやいているように見えるのです。

このアナログ的なSNSが作り出す居心地のよさは、スマホでシミュレーション消費しているときの延長のような感覚で、ヴィレヴァンのファンにアプローチしていきます。そのとき入ってくる情報に、単なる驚きを超えた、その先の興味へとどんどん吸い込まれていく面白さがあるのかもしれません。まさにスマホとリアルとの違いです。

ヴィレヴァンには、もちろん各営業担当者からの売り込みも来るそうですが、いくらプッシュされても、お店の雰囲気に合わないものは仕入れませんし、逆に仕入れの段階で「これを売りたい」と思ったものには一冊でも多く売れるよう宣伝のアイデアを練るそうです。

「宣伝といえば、いつも不思議に思っていることがあるんです。たとえば牛乳のパッケージに『北海道十勝産の生乳から作られています』とか書かれていたりするんですが、あれって意味あるの？　と思っちゃうんです。『おお、十勝産かあ』って喜んで買う人はいないですよね。十勝産がいいなら、他の産地の製品と比べてどうすごいのか、違いをもっと伝えてくれないと。ポップもそれと同じで、いい商品を並べているだけでは、手には取っても購入に至らない。お客さまに届けるメッセージとしてどう見せるかです」

ヴィレヴァンのフィルターを通すと、活字離れしているはずの若者も、本に引き戻されてきます。しかし、立山さんはこうも言います。

「個人的には、若い人たちは決して活字離れしていないと思っているんです。ただ効率よく情報収集するのに、キュレーションメディアとか、本以外のものもいろいろ利用しているだけなんですよ。それと同じで、提案のしかたひとつで、お客さまの反応は違うだろうなと。うちでは、店ごとというより棚ごとにファンがついていたりもするんですね。たとえば太宰治ファンのスタッフがいて、そういう棚を作るときに、太宰は故人ですから新しい作品はもう出ませんが、何かテーマをかぶせることで新しい見せ方はできます。提案力なんだと思います」

個性に重きを置くゆとり世代は、濃淡はあれど、何かマニアな嗜好を持っていることが多いです。ポップは、そうした個人個人のマニアさが共鳴した、売り手と買い手のコミュニケーションの場として機能していて、ヴィレヴァンの経営戦略とも噛み合っていることがわかります。

余談なのですが、立山さんのインタビュー中、とても興味深いと感じたのは、ヴィレヴァンが意識しているブランドは「無印良品」（以下、無印）なのだという見解でした。

たとえば、ヴィレヴァンとドンキなら、確かに少し似ている気がします。ですが、無印は、ヴィレヴァンに並んでいる娯楽アイテムとは正反対のものばかりに見えます。無印が提供している商品をキーワードでくくるなら、「生活必需品を、安心の品質で、より安価に」だからです。

しかし、U26メンバーにお金の使い方を聞くと、交際費とコンビニ以外でよく使う場所として挙げるのは、ドンキ、ヴィレヴァン、無印です。どういう配分でヴィレヴァンにお金を落としてもらえるかが気になるというのはとても納得できます。

一見、ドンキの雑多感と同類に見えますが、ヴィレヴァンはチェーンオペレーションによって「売らされている」のではなく、自らが売りたいものを集めて楽しみながら店作りをしていると考えれば、全く似ていません。モノを買う以上の〝体験〟を提供し、シミュレーションを超える対話や融合的な刺激をくれる場として、ヴィレヴァンが若者に支持されているのはもっともな話なのです。

アマゾンには絶対まねできない体験を提供する、コンセプト書店が台頭

低迷しているといわれる書店業界を尻目に、いくつかのコンセプト書店はとても活気があります。勝機は、究極に利便性の高いアマゾンとも、先述したヴィレヴァンとも違うアプローチを取っているところです。

たとえば、東京・下北沢にある「本屋 B&B」があります。「B&B」は「Book&Beer」の略で、その名の通り、ビールを片手に本が読めるというコンセプトのもと、運営されている新刊書店です。著者や編集者などが登壇するトークイベントが毎日開催されています。店内に並ぶアンティークの本棚や椅子や照明など家具を買うこともできます。

ホームページでも、〈検索すれば見つかるネット書店とも、すべてを網羅する大型書店とも違う、ちょっとした時間に、知らない世界と繋がる「場」。「無駄」たっぷりのセレクトで、皆さんにたくさんの「偶然の出会い」をお届けしたいと思います〉と紹介しているように、本を軸にした体験を重視しているお店でもあります。

また、毎週一冊だけ本を選び、それにまつわるグッズなどを合わせて売る東京・銀座の

「森岡書店」や、京都の自家焙煎専門のコーヒー店を併設し、書店内の小さなギャラリーで企画展やイベントなどを行っている東京・神楽坂の「かもめブックス」などは、いつまでもいたくなる本屋としても話題です。

そのほか、東京・篠崎にある「読書のすすめ」という書店は、新刊ベストセラーを置かない代わりに、本のソムリエでもある店長が勧める本だけを扱うことで知られています。北海道・砂川市にある「いわた書店」は、社長が顧客のカルテからおすすめの本を一万円分選書して届けるという「一万円選書」という企画が抽選になるほど人気を集めています。

では、これらのコンセプト書店は、なぜ成功しているのでしょうか。

それは「ただ本を売っているのではない」からです。書店それぞれが個性を打ち出して、自然に本好きが集まる場にしているのです。

「本」という全国どこでも買える商品を介しながら、シミュレーション消費では得ることのできない新しい発見をくれたり、知的好奇心を満たしてくれるのが、こうした書店の魅力です。文化イベントなどが盛りだくさんに用意され、本の販売拠点という役割を超えて、著者を始め本の作り手と読者という受け手、すなわち人と人とをつなぐコミュニケーション空間としても機能しているのです。

この数年、生き残りをかけて、カフェを併設したりイベントを行う書店は増えています。駅近の便利な場所にお店を構える大型書店では、特に、集客力を生かしたそうした営業努力が垣間見えます。ですが、コーヒーを飲みながらの読書タイムや著者のサイン会やトークショーくらいでは「想定の範囲内」でしかなく、シミュレーション消費を超えられていません。本の価値を伝えるという、いわば業界の常識での勝負では、もうアマゾンには敵わないのです。

もしかすると、もう本屋に足を運ぶ目的は、「本を買いに行く」のではないのかもしれません。ヴィレヴァンには「遊びに行く」、B&Bには「居心地のいい空間に行く」。その延長上に本がある、ということなのでしょう。

デパートのアパレルが売れない現象と同じで、画一化した売り場には魅力がありません。「本」そのものの価値を訴えかけるのではなく、「本屋」という〝場〟を最大限活用して新しい価値を伝えていくことが求められています。

ヴィレヴァンをはじめ、さまざまなコンセプト書店はその一線を越えた好例です。本という商品の性質上、顧客はリアルな若者層よりもやや高めの年齢層が多いことは否めませんが、若者にリーチしていくための残された可能性は、そこでしか得ることができない楽しみを演出することにあると思います。

⑥「常識外の一手」を打つ
――「コモディティ」を上手く脱却したアルコールビジネス

小規模なクラフトビールが大手をおびやかす時代

若者がビールを飲まないと言われてずいぶん経ちます。チューハイやカクテルはますますバラエティーが増えています。ハイボール人気も復活、定着しました。ビールへのニーズは確かに減っているようです。

ビール大手各社が発表した二〇一五年のビールの国内総出荷量（課税済み）は前年比〇・一％増の二億一四九八万ケース（一ケースは大瓶二〇本換算）です。一九九六年以来一九年ぶりに増加に転じたことになります。ただ、ピーク時と比べると四割弱の水準にすぎず、ビール、発泡酒、第三のビールを合わせたビール類の合計でも、ビールの規制緩和で多くのクラフトビール製造者が出てきた九四年の四分の三程度に留まっています。

このように、ビールの出荷量全体は減っていますが、クラフトビールだけは例外的に、驚異的な伸びを示しています。国内では、市場規模全体で一％程度。ごく小さな市場に過ぎませんが、業界内には「若者がビールに関心を持つきっかけになった。これが一九年ぶりのビール出荷量全体の増加につながった」との見方もあります。

アメリカでは、すでにもっと影響が大きく、大手ビールメーカーはクラフトビールに対する危機感を強めています。大手メーカー自身がクラフトビール市場への参入を検討しており、クラフトビールメーカーを買収して傘下に入れるなどの動きも加速しています。

それを裏付ける数字が出ているのが、アメリカのクラフトビールメーカーが参加する業界団体「ブリュワーズ・アソシエーション」（ＢＡ）が公表している資料です。

二〇一五年のビール市場の販売量は前年比〇・二％減少したのに対し、クラフトビールの販売量は前年比で一二・八％増、数量ベースでビール市場全体の一二・二％を占めています。クラフトビールは比較的単価が高めですし、価格競争にも巻き込まれにくいため、金額ベースで見ると、二一・一％にも達しているのです。

なぜ〝手作りのよさ〟は若者にウケるのか？

日本でも、一時期失速していたクラフトビール市場が、再び盛り上がっています。二〇年ほど前の日本のクラフトビールブームの初期から参入している、ヤッホーブルーイング。その看板商品である「よなよなエール」は、コンビニや大型スーパーの棚でナショナルブランドと並んで見かけるようになり、ファンやリピーターを増やしていることがわかります。知る人ぞ知るビールから、いまではかなりの知名度を獲得しているビールになりました。

クラフトビールは、どれも味やパッケージに個性があります。それだけ強く、作り手の思いが込められてるように見える商品です。つまり、マス生産、マス消費されてきた単なるビールが、「手工芸品（Ｃｒａｆｔ）」にも例えられるような芸術的で高品質なビールとしての価値を手にしたことになります。

それによって、味の違いやその裏にある小規模なビール醸造所、ビール職人など、ビールにまつわるさまざまな面が、消費者のココロを刺激します。若い消費者もまた、そこに共感や興味を覚えるのでしょう。

平成男子は、量を飲みません。「バイトで疲れたから、ご褒美にちょっと高いプレモルです」と、一本で満足します。三本、四本飲もうと考えて発泡酒にする中年層とは、まるで感覚が違うのです。若者の意識調査に、「酔う意味がわかりません」という文言はよく出てきます。

飲んで酔えればよかった時代と違い、どんな製造元がどんなこだわりで造ったのか、製法や材料にどんな個性があるのか、お酒の本質に興味を持つ人が増えています。それが、市場に新たな扉を開くかもしれません。

ビールに限らず、コーヒーでも、豆の輸入や焙煎《ばいせん》にこだわって経営している小さなお店が、注目されています。ハンドメイドや手仕事など、ていねいでかけがえのない無二のものに、社会は再び価値を見出し始めました。薄れかけていた価値の再燃に、クラフトビールは大きな影響を与えていると思います。

手仕事感のあるモノのブームは、しばらく続きそうです。マス製品を手がけるメーカーも、そうした小さな企業とうまくコラボレーションできれば、細々とかもしれませんが確実に、利益を支えていくでしょう。

若者にとって、ナショナルブランドのビールは「全部いっしょ」

U26コミュニティメンバーの会議のときにときどき、メンバーに飲み物やちょっとつまむものを買いに行ってもらったりします。「コンビニに行って好きなモノ買ってきていいよ」と頼むと、決まってアサヒスーパードライを買ってきます。

「なんでいつもこれ？　好きなの？」と聞くと、「だって、これがいちばん売れてません？」という答えが返ってきます。

この味が好きだとか愛着があるわけではなく、あえて買うならもっともコモディティなものでいいという姿勢なのです。お茶も同じです。ナショナルブランドのどれかを買って、なぜ選んだのかの理由は、適当に後づけている感じです。

おそらく若者たちは、そうした選択について無自覚なのです。大企業が提供するマス向け商品を、「いい」とも「ダサい」とも考えていません。「〇〇が好き」と意地になっているメンバーもいますが、「どれも一緒ですから」と言うメンバーのほうがずっと多いです。ひとことで言えば、「どれでもいい」。全く関心がないのです。

一九八七年に発売されたアサヒスーパードライ、二〇〇三年発売のザ・プレミアム・モルツなど、爆発的ヒットとなったブランドの栄冠も今は昔。平成の若者たちには、〝少し古くさい、オジサンたちのビール〟として映っています。

日本のビールは世界でもトップクラスの品質と味を誇っています。大手メーカーのナショナルブランドビールは、各社がこだわりの製法で作り、〝定番〟にあぐらをかかずに延々と磨きをかけています。あれだけの量を安定的な味で製造し流通させているわけで、生半可な企業努力でできることではありません。

しかし残念なことに、これほど恵まれた環境だからこそ、消費者は無関心になってしまったのかもしれないのです。

コマーシャルや商品のPRページでは、定番製品も新製品も、原材料や製造法などメーカー側からのこだわりがいろいろ説明されています。メーカーは、キレが、コクが、「変わった」と謳っていますが、「違いがよくわからない」というのが若者のホンネでしょう。

そこに、最近のトレンドで、糖質オフやプリン体オフ、ゼロカロリーなど機能アピール合戦になっているので、ますます若者は、「そもそもおいしいビールってなんだろう」と混乱してしまっているのです。

メーカー側が消費者に知らせたい一途な企業努力が、消費者、とりわけ若者に届いていません。手仕事に近づけるような製造の工夫を重ねて、こだわっているのに、若者からは〝単なる普通のビール〟＝コモディティな工業製品にしか見えていないのです。

若者は自分が強い欲望を持つモノには消費しています。ただし、消費に至るまでのアクションは、それまで気軽にモノを買ってきた世代とは全然違っていることを、心しておかなくてはいけません。

「コモディティ」という罠をどう超えるか？

ゆとり世代は、こだわりのないモノを買うときには、コモディティ商品を選びます。コモディティ商品とは、他社との差別化が難しかったり、消費者が違いをあまり認識できない汎用商品のことです。コモディティな、たとえばビールやお茶などは、コンビニや近所のスーパーで簡単に手に入るモノの中からどれかを、何となく買っています。

製品としての安心安全性や手頃な価格感には納得していますので、どれがいいかなどはあまり考えません。この〝なんとなく〟な購買行動を「低関与」と言います。低関与な若者たちに買ってもらうために、各メーカーは常に熾烈な競争を繰り広げています。

というのも、消費者がコモディティの中から選ぶのであれば、客観的な指標が必要だからです。そのひとつが「いちばん売れているから」で、そうだとするなら、本当にいちばん売れなくてはますます選ばれなくなってしまいます。

そのせいか、最近は売上数だけではなく、「健康マニアが選ぶナンバーワン」「生産量ナンバーワン」「全米ナンバーワン」など、さまざまな冠のナンバーワンが宣伝されるようになりました。それがまた、せっかくのナンバーワンの価値を下げている気もするのですが……。

コンビニの棚にいつも普通に並んでいる商品は、信頼できますが、目新しさはありません。一方で、クラフトビールや見かけないジュースなど、明らかに顔の違うモノが横にあれば、気になってそちらを買ってみたりします。先に挙げた「よなよなエール」は、缶のデザインといい、ネーミングといい、コモディティ化されないビールというイメージを、うまく前面に出せた印象です。

パッケージだけの問題ではないのですが、誰もが知っている有名なメーカーやブランドだからこそ、コモディティ商品は不利に陥ることもあるのです。

「フローズン」はなぜ成功したか？――ちょうどいい〝はみ出し〟方

では、コモディティ化が進んだ商品が主軸の大手メーカーに、何か突破口はないのでしょうか。そのヒントが、「一番搾り」ブランドの価値を提案するコンセプトショップ「キリン一番搾りガーデン」(「キリン一番搾りフローズンガーデン」より、現在の名称に変更)です。

二〇一二年からキリンビールが展開しているこの限定スポットでは、定番の「キリン一番搾り生ビール」のほか、「一番搾り スタウト」、「一番搾り フローズン〈生〉」、「一番搾り フローズン〈ビアカクテル〉」などここでしか飲めないビールや、「一番搾り」や麦芽などのビールの素材を使用したオリジナルフードメニューが楽しめます。

中でも若者に話題になっているのが「一番搾り フローズン〈生〉」です。シャリ泡という今までのビールにはない新しい食感と、泡にツノが立つ新しい見た目。SNS上で、友達とシェアしたくなるような目新しいビールの楽しみ方が、若者の琴線に触れたのです。

〝凍らせて飲む〟という、邪道と思われがちなサーブのしかたが、若者の好奇心に多少なりとも響いたわけですから、多様性の時代には、使い方や食べ方、飲み方もあまりセオリーで縛らず自由な方がいいのかもしれません。

シミュレーション消費されてしまう要因を考えていくと、もしかすると、既存のルールからはみ出せないからかもしれないと思うことがあります。「僕らのころはこうだったから、いまもこうでしょ？」というのも、日本人の丁寧さや親切心からきているのだとは思いますが、楽しみ方の一から十まで教えてしまうのは、押しつけにも見えます。本質的な価値さえわかれば使い方も楽しみ方も自由、というのがいまの若者が求めているメッセージです。

クラフトビールもフローズンビールも、もとは〝ビール〟に過ぎません。しかし、そこにちょっとした付加価値を加えたことで、消費者側に「新しい」と思わせたのです。

テキストとそこそこの画質の写真で情報を得ていたころは、「一度くらいは試してみようか」とリアルな消費もしてくれました。しかし、その商品の瑞々しさまで伝わるような写真がアップされる昨今は、画像検索だけでおおよその味の想像もついてしまいます。

それを逆手に取り、商品ではなく体験として、モノではなくサービスとして、楽しさを提供することで超シミュレーション消費につなげていくのがひとつの方法でしょう。あらゆることを何となくは知っているけれど食わず嫌いも多い若者に、「シミュレーション消費で終わり」にさせないためには、いままでにない文脈での楽しみ方へと誘導する必要がありそうです。

「ドラマになったから」では片づけられないウイスキーブームの背景

「『マッサン』見て初めてウイスキー買いました。山崎です。山崎はカッコいいんで」
「『マッサン』って苦労したんですね、でもすごいですよ。本物を追究する志って」
「友達と山崎の工場見学に行きました。壁一面にウイスキーの原酒と樽が並んだ貯蔵庫は歴史を感じました。奥深いんです、山崎は！」

熱弁を振るう彼らがどこまで理解しているかはさておき、ドラマに感動してウイスキーに興味を持ちだしたU26メンバーは結構います。

ウイスキーは、需要が大きかった八〇年代以降は徐々に飲まれなくなり、ウイスキー市場は一九八三年をピークに急激に縮小。二〇〇七年には販売量ベースで六分の一にまで落ち込み、危機に瀕していました。ところが、ゼロ年代中盤に突如、需要が増加します。

その追い風になったのが、国産ウイスキー造りをテーマにしたNHKの朝の連続テレビ小説『マッサン』だと言われています。「マッサン特需」と言われるほど、ウイスキーを飲む習慣が復活しました。

何度も申し上げている通り、シミュレーション消費で終わらせないためには、作り手の思いやこだわりがうまく伝えられるかどうかがカギになります。

メーカー側もそれはわかっていて、がんばって発信しているのですが、『マッサン』のヒットで偶発的に人気が拡大した点を鑑みれば、本当に若者が求めている情報とズレていたのだろうと推察できます。

『マッサン』では、「ウイスキーを日本で造ることがどれほど大変か」という歴史を、企業が乗り越えた困難としてではなく、ニッカウヰスキーの創業者・竹鶴政孝とその妻をモデルにした人間ドラマとして描かれました。どんな苦労話があったか、感動秘話が生まれたか、人生に寄り添うことで共感を得ることができたので、若者はその向こうにあるウイスキーにも興味を持ち出したのです。

もともと「ジャパニーズ・ウイスキー」は、世界が認める高品質なお酒です。サントリーの「山崎18年」は二〇一六年、米国の酒類品評会で「アナザーウイスキー部門」の最優秀金賞を受賞。ニッカの「竹鶴17年」も、同じく二〇一六年に英国のウイスキー専門誌が主催するコンテストで「ブレンデッドモルト部門」の世界最高賞を受賞しました。

ドキュメンタリー番組の特徴からも、似た現象が見て取れます。NHKの『プロジェクトX～挑戦者たち～』は、製品やサービスの開発プロジェクトを追うドキュメンタリー番組として、かつて人気を博しましたが、支持していたのは主に高度経済成長を支えてきたシニア層でした。その後継番組が『プロフェッショナル　仕事の流儀』です。しかし、こちらは若者にとても人気があります。

というのも、二つの番組には大きな違いがあるからです。『プロジェクトX』は企業を前面に出した番組構成になっていますが、『プロフェッショナル』の方は、創業者やその道のプロがいかに難題に立ち向かったかを、〝人〟を軸にして番組が作られています。きっと、若者は、企業が何をしたかではなく、人が何をしたかの向こうにモノの本質を見ようとしているのでしょう。

この数年は、クラフトビールを始め、ウイスキー、カップラーメン、お菓子など、さまざまなメーカーの工場見学にレジャーとして出かけていく若者たちも少なくないようです。興味が湧くとその先を知りたくなるのは、オタクといえばオタクな感じですが、好奇心から消費へとつながっていく道筋はいつの時代もあるはずなのです。

マッサン特需の立て役者は、ドラマ前のある「仕込み」

NHKの朝ドラといった大きな情報ソースの拡大が功を奏したことは確かですが、そのベースに、サントリーの「角ハイボールプロジェクト」がなければ、これほどのブームは起こせなかったと思います。

数年にわたる調査の中で、若者たちはウイスキーを「おじさんが飲むもの」「古くさいイメージ」など、飲まず嫌いなまま、はなから敬遠していることがわかりました。

また、調査からは、カクテルのような飲み口が軽くてアルコール度数も低いものが、若者に好まれていることも見えてきたことから、そうした嗜好に合う「新しい飲み方」をサントリーは提案したのです。

「ハイボール」はかつて、一九五〇年代の洋酒ブームのときにはとても親しまれた飲み方でした。それを逆手に取り、ウイスキーを炭酸で割ってアルコール度数を抑え、レモンを搾ってジョッキで飲む、若者の知らなかった新鮮なスタイルとしてアピールしたのです。

並行して、サントリーは、ハイボールを提供する居酒屋や飲食店といった「場」の提供をも広げました。若者がハイボールとコンタクトできるポイントを多くしようと、営業担当者が足で稼いで居酒屋展開していきました。

高品質でおいしいハイボールを提供できるよう、専用のサーバー〝ハイボールタワー〟も開発。キンキン、シュワシュワのハイボールを最高のコンディションで飲める環境を整えたわけです。

結果、二〇〇八年末に「ハイボール」を取り扱う店は約一万五〇〇〇軒でしたが、二〇〇九年には六万店まで増加。カーシェアの成功事例と同様に、体験の場を多く提供したことで、若者のハイボール認知度は三割から八割近くまで上昇したのです。

さらに、その二〇〇九年には「角ハイボール缶」の発売に踏み切ります。家飲みにもハイボールが入り込んできて、人気は完全に定着しました。

本来ウイスキーは嗜好性が高く、ストーリー性もあるお酒です。そして世界に認められている優れたプロダクトでもあります。そこに新たな飲み方と場の提供が加わったことで、「古い」「オヤジくさい」といったウイスキーのシミュレーション体験は、新しい体験に変わりました。飲み方のプロモーションがシミュレーションを超える体験として受け入れられ、市場を生まれ変わらせる流れができたのです。

とはいえ、考えてみれば、フローズンビールも、元はとてもシンプルな提案です。凍らせたビールは、結局より冷たいからおいしいというアイデアなのですが、それを飲み方と場を組み合わせることで、コモディティになっていたビールに新しさが加味されました。

⑦新しい価値を「付け足す」――「泊まるだけ」から脱却したホテル業界

U26メンバーは、わりに旅行好きです。タイやベトナム、シンガポールなどアジアが中心ですが、まとまった休みには彼女と出かけたりします。

「いま、海外のホステルってオシャレになりましたね。インスタで見ました」

「秋葉原とか日本橋のグリッズも、お洒落で外国人に人気みたい」

等々、旅にはつきもののホテルの話題にも興味があるようです。

「グリッズ」は、ゲスト同士の交流を大事にする「ホステル」と、「バーラウンジ」を融合した新しいタイプの宿泊施設です。現在、一号店の秋葉原、二号店の東日本橋の二カ所で運営。一般的なホテルと同タイプの部屋もあるのですが、寝台列車のような小型のベッドスペースタイプや、グループで利用できるドミトリータイプなど、格安で利用できる宿泊スペースが人気を集めています。

外国人から見ると、日本のカプセルホテルがクールだという意見もあるそうで、ここ数年、ラグジュアリーで快適なカプセルホテルやホステルが都内に続々とオープンしています。ホステル業界は変わりつつあり、プライバシーと機能性を高めながら、他の旅行者らとの関わりを持てるアクティビティの提供に力を注いでいます。

このニュースを私に教えてくれたのは、U26メンバーたちです。そうした若い世代がいち早く情報をキャッチしているのは、若い世代の旅は変わりつつあるからでしょう。これまでは、彼らも、検索して得た情報の答え合わせのような旅をしていたのですが、最近では、リアルに冒険を楽しむ〝超シミュレーション〟意識が強くなってきています。

とはいえ、冒険はしたくても、快適さやコスパは譲れないのが彼らです。そんな世代に向けて、ホステルだけでなく、ホテルも新しい取り組みを始めています。

たとえば、四つ星クラスの高級ホテルチェーン「マリオットホテル・インターナショナル」は、二〇一四年の九月、ミラノ・マルペンサ空港のターミナル2に「モクシー・ミラノ・マルペンサ・エアポート（MOXY Milan Malpensa Airport）」をオープンさせました。マリオットは今後、若者のニーズにもしっかりと目を向け、若い旅行者をターゲットにしたこのホテル「モクシー・ホテルズ（Moxy Hotels）」を、西ヨーロッパを中心に、拡大していくそうです。

「モクシー・ホテルズ」のターゲットは、ジェネレーションY世代と重なるミレニアル世代（一九八〇年代～二〇〇〇年前後生まれ）です。スウェーデンの家具ブランド「ＩＫＥＡ」と提携してミニマムでスタイリッシュなインテリアを実現する一方、一室ごとの建設経費を抑えることができるため、価格帯は若者向けに抑えられています。

最近では、ビジネス利用のゲストでも、ノートパソコンを部屋のケーブルにつないで仕事をするスタイルは減少しているそうです。反対に、仕事もタブレットをベッドに持ち込んですることが、特に欧米の利用客では多くなってきたと聞きます。その場合、スペースを大きく取る机があることよりも、ベッドにたくさん枕があることの方がいろいろな姿勢を取りやすいため、ゲストには使い勝手がよく、評価を高めることにもつながります。

このように、家具のデザインや配置といったところまで常にイノベーションしていくことが、将来的には本当の顧客第一主義になっていくと言えそうです。

旅行に求めるものは、社会的な交流や冒険

報告書「グローバル・ホステル・マーケットプレイス２０１４－２０１８」によると、ミレニアル世代が一年間に旅行に費やす金額は、「旅行者全体の平均より多い」のだそうです。そんな一八～三五歳くらいの若い旅行者たちの間では、ホテルではなくホステルを

利用する人が増えており、新たなニーズが広がっていることがわかります。

ちなみに、先の報告書によれば、ホステル利用者の七〇％以上がミレニアル世代です。ホステル人気の背景には、宿泊料が安いこと、便利な立地にあること、他の旅行者と知り合う機会が多いことなどが挙げられます。

ミレニアル世代のホステル利用者は、その他の宿泊施設を利用する人たちに比べ、旅行に出かける頻度が高く、旅先でも、他者との交流や、一緒に〝冒険〟をすることを重視する傾向があります。そのため、泊まる場所についても、安ければ最低限のホスピタリティでも構わないというような、単に寝るためのスペースだとは考えていません。

しかしながら、旧態依然としたラグジュアリーな客室や宿泊体験が若い旅行者に喜ばれるかというと、大いに疑問です。出会いや体験には出費を惜しまないミレニアル世代ですが、ホテル代は抑えたいのです。

彼らが民泊を積極的に活用するのも、安全面や衛生面などで比較的リスクがあったとしても、テクノロジーを利用して商品やサービスを購入し、ユニークな体験を得ること自体が、彼らにとっての「冒険」のひとつなのでしょう。

先のグリッズやモクシー・ホテルズでは、ロビーはただのエントランスではなく、ラウンジとして人が集い、交流する場というコンセプトを体現しています。無料のＷｉ－Ｆｉスペースに集い、その日知り合ったばかりの旅行者たちとバーラウンジでビールやワインなどを飲んだりする旅。宿泊施設に、コミュニケーションのための場所が用意されたわけです。ロビーで若者たちが自由にコミュニケーションし、お酒も楽しめるというのは、泊まる、待ち合わせをする程度の場所だったいままでのホテルとは、違う役割を持つことになります。

若者たちはシミュレーション消費を超えることに価値を求めています。彼らが求めるホテルの本質は、リーズナブルでカッコいいホテルという以外の、アクティビティにも大いに関係があります。そうした超シミュレーション消費を求めるミレニアル世代は、ホスピタリティ業界に変革をもたらすパワーを備えているのです。

おわりに

平成男子のこだわりの先にあるのは、〝本質回帰〟では？

メーカー側やサービス側などが勝手に思い描いていた「平成の若者像」には、多くの誤解があったことを、ここまで読んでくださった読者であれば、わかっていただけたと思います。

何につけても欲望が薄く、ムダな買い物を嫌い、〝○○離れ〟を加速させていると思われてきたゆとり世代、さとり世代。彼らは、シミュレーション消費で満足してしまう部分もありますが、買う理由があれば多少高くても手に入れようとします。財布のひもが固いのはコスパを考えるからです。むしろ、「これぞ」と認めたモノは、リピート購入もしますし、SNSにアップしてよさをアピールしてくれます。

彼らが買わないのは、いいモノを作っても、その魅力を彼らに届くように伝えていないからです。こだわって作ったならなおのこと、アプローチ次第で買ってもらえるのです。

その伝え方として大切なのが、価格やスペックよりも、中身の価値に「いいね！」してもらうことです。見てきたように、平成男子のこだわりを刺激するモノやサービスは、ちゃんと売れています。若者が求めているのは、意外にも単純なことです。いいモノを提供することは大前提ですが、それが他のモノとどう違うか、どんなふうに優れているかを、消費者である若者たちに伝え、その商品やサービスによって実現する、よりよい暮らしをイメージさせることなのです。

新しい付加的な価値や機能ばかりを打ち出しても、そのモノの本質がかえってわからなくなっていくのでは本末転倒で、結局のところ、〝本質回帰〟が、若者にも求められているのではないかというのが私の結論です。

食品や飲料なら「それはおいしいの?」ですし、家電なら「それは必要なの?」ということだと思います。

第4章でも書きましたが、いまやビールは、味やパッケージについてはコモディティ化しており、カロリーオフや糖質オフのような機能性が加わったとしても、おいしくなければすぐに淘汰《とうた》されます。一方で、クラフトビールのような〝物語〟がある製品は、ものづくりの本質に忠実に見え、きちんと差別化されています。

ウイスキーも、本当はものづくりのドラマがあったのに、それを消費者が知ったのは、おそらくドラマを通してでしょう。もともとウイスキーファンだった人以外は、日本のウイスキーのクオリティが世界的に認められていることも知らなかったはずです。

日本のメーカーは、「うちはいいモノを作っている」という自負はあると思います。それが若者に売れないのは、若者が離れているからだというのは勘違いです。伝えるべきことを伝えれば、彼らはシミュレーション消費を超えて、買うようになるのです。

もし「いや、うちはホームページにもきちんと製品やサービスのことを書いているし、伝えている」というのなら、おそらく伝えるカンどころを間違えているのです。たとえば新製品について宣伝するのも、広報やマーケティング担当者が出てきて語るより、開発者が出てきて語る方がより本質がわかる気がして、消費者にとっては興味深いはずです。

最近、テレビでも、工場視察風のものや製品開発の現場を訪ねる構成の番組が人気ですが、まさにあれはものづくりの本質に迫る迫力が面白いのだと思います。

平成男子は、シミュレーションができない〝本物〟の体験を求めている

スマホ世代は、さまざまな体験や知識をバーチャルで積んでいるので、それ以上に面白そうだと思わなければ、食指を動かしません。

しかし、「パーク２４」がカーシェアリングを、クルマに乗ってもらうことに限定しない、

クルマを空間として自由に使ってもらうという新しいサービスを提供して成功したように、これまでにない満足感をイメージさせることができれば、若者も「実際に体験してみたい」「一度試してみよう」と考えます。彼らのフットワークは決して重くないのです。

この本でも例示してきたように、アパレルやお酒や本など、全体で見れば売れていないものにも、売る活路はあります。本書では触れませんでしたが、巷のヒット商品には、高級ヘッドホンや高級扇風機など、これまでの常識では考えられないようなモノもあります。既存のモノの何倍もするのに売れるのは、「その製品が自分の生活に入ってきたら、こんなふうに楽しくなるだろうな」と連想させることができているからです。そのリアルを味わいたいという気持ちをくすぐるモノやサービスが、〝本物〟です。

考えてみれば、かつての日本のものづくりには、シミュレーションを超えた〝感動〟に近いような体験があったように思います。たとえば、ソニーのポータブルオーディオプレーヤー「ウォークマン」は、世界で初めて音楽を外に持ち出すことを可能にした製品です。人々は、さまざまなシーンで好きな音楽が楽しめるなんてすごい、というイメージにも驚かされたでしょうが、実際に体験してみたら、予想をはるかに超えた楽しさに熱狂したに違いありません。

モノ消費、コト消費という言葉もありますが、音楽を持ち歩くというコト（体験）の喜びが、モノを持つ喜びを下支えしていたとも言えるのです。

モノを欲しがらない平成男子も、想定外の価値をもたらしてくれた体験に、そのモノを持つことが必要であれば、買います。その一つのカギが、ブランドの垣根を取っ払って展開するGUのような戦略です。

百貨店やショッピングモールのアパレル不振は、ブランドが細かく棲み分けされて並べられているせいではないかと私は考えています。あるブランドだけでトップスもボトムスも小物も全部気に入るモノが揃うはずはなく、むしろ複数のブランドで上手にミックスするコーディネートの方がリアルなおしゃれなはずなのです。そこに、生活と密につながっている〝ファッションを楽しむ〟体験が生まれます。ですが、いまそれが叶うのは、他ブランドとのコーディネートをインスタグラムにアップしてユーザーに楽しんでもらっているGUや、ビームスのようなセレクトショップだけです。

思うに、百貨店やショッピングモールの、面貸しのテナント的なビジネスはもはや限界でしょう。たとえば、目利きのショップスタッフが、ブランドにこだわらずに自由にコーディネートして売ることができるような形態も、今後は検討の余地ありです。

本物とは、企業の持っている〝ハート（志）〟なのかもしれない

本物を持っている企業は、不況下でも強いです。たとえば老舗《しにせ》企業などがそれで、消費者は嘘、偽りのないサービスに、信頼を寄せ、繰り返し通います。しかし、食品偽装事件などの例を見れば、そうした信頼や安心感を裏切れば、瞬く間に倒産する老舗もあることがわかります。

本物を貫いている企業に共通しているのは、扱っている商品を、社員やスタッフたちが愛していることです。ヴィレヴァン然り、ビームス然り。そこで働いている人たちがお店のいちばんのファンで、そのよさをわかってもらおうというムードが、顧客にも伝わって、いい円環ができています。

そうした志、すなわち本物のもたらす感動には、シミュレーション消費を超えさせるパワーが備わっています。自分たち企業がどれだけ真剣にお客さまのために努力しているかを伝えることは、ますます求められていくはずです。

本書を刊行するに当たっては、多くの方に協力して頂きました。お忙しい中、貴重なお

話を伺わせてくれた「パーク24」、「ヴィレッジヴァンガード」の皆様。本書にも登場したU26平成男子コミュニティを立ち上げよりサポートしてくれている大竹雄さん。CORＥを中心にアドバイスくださった高田夕子さん。第一稿に対して貴重な意見を頂いたR＆Dの多くの社員の方そして友人のみんな本当にありがとうございました。

初めての出版にあたって強力なサポートをしていただいた青春出版社の北尾泰樹さん、アップルシード・エージェンシーの栂井理恵さん、ライターの三浦天紗子さんには、この場を借りてお礼を申し上げたいと思います。

最後になってしまいましたが、本書をお読みいただいたすべての方、そして今まで巡り合ったU26平成男子コミュニティメンバーのみんなに感謝します。

２０１６年９月

堀　好伸

青春新書
INTELLIGENCE

こころ涌き立つ「知」の冒険

いまを生きる

〝青春新書〟は昭和三一年に——若い日に常にあなたの心の友として、その糧となり実になる多様な知恵が、生きる指標として勇気と力になり、すぐに役立つ——をモットーに創刊された。

そして昭和三八年、新しい時代の気運の中で、新書〝プレイブックス〟にその役目のバトンを渡した。「人生を自由自在に活動《プレイ》する」のキャッチコピーのもと——すべてのうっ積を吹きとばし、自由闊達な活動力を培養し、勇気と自信を生み出す最も楽しいシリーズ——となった。

いまや、私たちはバブル経済崩壊後の混沌とした価値観のただ中にいる。その価値観は常に未曾有の変貌を見せ、社会は少子高齢化し、地球規模の環境問題等は解決の兆しを見せない。私たちはあらゆる不安と懐疑に対峙している。

本シリーズ〝青春新書インテリジェンス〟はまさに、この時代の欲求によってプレイブックスから分化・刊行された。それは即ち、「心の中に自らの青春の輝きを失わない旺盛な知力、活力への欲求」に他ならない。応えるべきキャッチコピーは「こころ涌き立つ〝知〟の冒険」である。

予測のつかない時代にあって、一人ひとりの足元を照らし出すシリーズでありたいと願う。青春出版社は本年創業五〇周年を迎えた。これはひとえに長年に亘る多くの読者の熱いご支持の賜物である。社員一同深く感謝し、より一層世の中に希望と勇気の明るい光を放つ書籍を出版すべく、鋭意志すものである。

平成一七年　　　　刊行者　小澤源太郎

著者紹介

堀 好伸〈ほり よしのぶ〉

株式会社リサーチ・アンド・ディベロプメント ビジネスプロデューサー。1973年新潟県生まれ。昭和音楽大学音楽芸術運営学科アートマネジメントコース卒業。広告代理店、ブランディングブティックでのプランナーを経て、現在は生活者のインサイトを得るための共創コミュニティのデザイン・運営を主たる領域とするビジネスプロデューサーとして活動。リアルコミュニティから得られた生活者からの生の声を活用し、長期的なプロジェクトで様々なジャンルの企業の戦略マーケティング業務に携わる。「若者」や「シミュレーション消費」を主なテーマに社内外でセミナー講演の他、TV、新聞などメディアでも解説する。

ツイッターアカウント　@horiyosh

若者《わかもの》はなぜモノを買《か》わないのか　青春新書 INTELLIGENCE

2016年10月15日　第1刷

著者　堀《ほり》　好《よし》伸《のぶ》

発行者　小澤源太郎

責任編集　株式会社プライム涌光

電話　編集部　03(3203)2850

発行所　東京都新宿区若松町12番1号 〒162-0056　株式会社青春出版社

電話　営業部　03(3207)1916　振替番号　00190-7-98602

印刷・中央精版印刷　製本・ナショナル製本

ISBN978-4-413-04498-1

こころ涌き立つ「知」の冒険!

青春新書
INTELLIGENCE

喋らなければ負けだよ	古舘伊知郎	PI・482
イチロー流 準備の極意	児玉光雄	PI・483
世界を動かす「宗教」と「思想」が2時間でわかる	蔭山克秀	PI・484
腸から体がよみがえる「胚酵食《はいこうしょく》」	森下敬一 石原結實	PI・485
江戸っ子はなぜこんなに遊び上手なのか	中江克己	PI・486
能力以上の成果を引き出す本物の仕分け術	鈴木進介	PI・487
名僧たちは自らの死をどう受け入れたのか	向谷匡史	PI・488
健康診断その「B判定」は見逃すと怖い	奥田昌子	PI・489
一流はなぜ「シューズ」にこだわるのか	三村仁司	PI・490
2時間の学習効果が消える! やってはいけない脳の習慣	川島隆太［監修］ 横田晋務［著］	PI・491
図説 呉から明かされたもう一つの三国志	渡邉義浩［監修］	PI・492
偏差値29でも東大に合格できた! 「捨てる」記憶術	杉山奈津子	PI・493
歴史が遺してくれた日本人の誇り	谷沢永一	PI・494
「プチ虐待」の心理 まじめな親ほどハマる日常の落とし穴	諸富祥彦	PI・495

※以下続刊

お願い ページわりの関係からここでは一部の既刊本しか掲載してありません。折り込みの出版案内もご参考にご覧ください。